哲人神彩

晓源先生惠存

张世英

时年九十八岁

北京师范大学全球化与文化发展战略研究院文库

全球化与人类文明互鉴画传系列　　主编　薛晓源

GREAT PHILOSOPHERS
THE WESTERN TOP 100 PHILOSOPHERS IN PORTRAIT
西方100位著名哲学家画传

薛晓源　绘著

大哲学家

商务印书馆
The Commercial Press

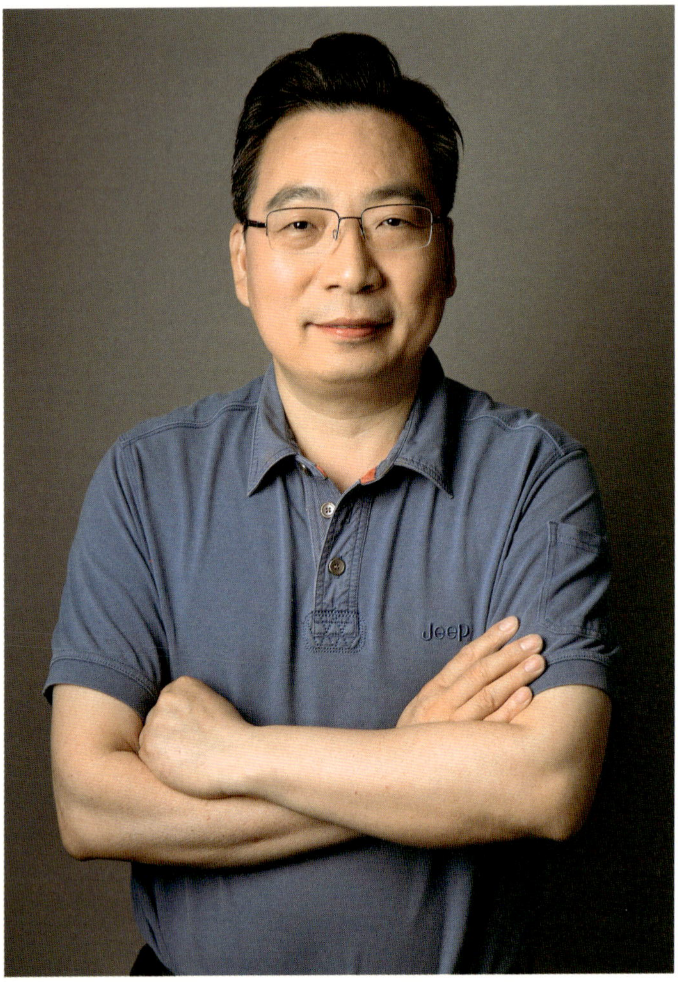

绘著者简介

薛晓源,博士,北京师范大学人文和社会科学高等研究院拔尖人才,北京师范大学全球化与文化发展战略研究院院长、教授,博士生导师;商务印书馆学术委员会专家委员、艺术与博物学学术总顾问;中国美术家协会会员、中国国家画院主办《中国美术报》编辑委员会委员、《经济日报》主办《中国书画》杂志专家委员会委员、北京师范大学启功书院专家委员会委员;《全球化研究》集刊主编。曾任中央编译局研究员、中央编译局《马克思主义与现实》杂志执行主编、中央编译出版社副社长兼副总编辑、中央编译局副巡视员,曾任北京大学、清华大学、南开大学兼职教授,中国人民大学艺术学院特聘教授。在中央级刊物发表文章50多篇,出版专著5部、艺术画册1部,主编、绘制"全球化与人类文明互鉴画传系列"(10卷本),主编出版学术艺术图书500多种。专著《飞动之美——中国文化对"动势美"的理解与阐释》2014年入选国家"经典中国国际出版工程",2020年在美国门廊出版社出版英文版。2018年10月在德国法兰克福书展举办"《哲人神彩——100位世界著名哲学家肖像》新书发布会和艺术展览",全球有20多家媒体进行了报道。先后为中国国民党原荣誉主席连战、世界知识产权组织原总干事弗朗西斯·高锐先生创作肖像,为外交部驻东帝汶大使馆创作绘画,受到中共中央党史研究室、中国版权协会和中国外交部的表彰。

序 一

直观哲人千年之风神

李秋零

（中国人民大学哲学院教授）

晓源嘱我为他的大作《大哲学家——西方100位著名哲学家画传》写篇序，我欣然从命。面对这部大作，我联想到德国古典哲学家黑格尔的一个重要思想。

在众多的西方哲学家中间，就思想的"体系性"而言，黑格尔恐怕是无人能够出其右了。黑格尔把他所能够知道的一切都编织进了他那个包罗万象、博大精深的"精神"体系之中。他不仅探讨了"精神"自身的逻辑结构，也探讨了"精神"如何外化为自然，并最终在人类精神中回归其自身的历程。这种"回归"，实质上也就是人类以各种精神形式把握"精神"自身的过程，其顶峰就是"精神哲学"的最高阶段"绝对精神"。在黑格尔看来，"绝对精神"依次经过了"艺术""宗教"和"哲学"三个阶段，它们都达到了无限性的境界，都以"绝对精神"作为认识的对象，所不同的是它们把握"绝对"的方式。其中"艺术"在直接性中把握"绝对"，以感性形象化的方式把真理呈现于意识，因而是绝对精神的具体的直观。而"哲学"则是以概念的方式把握真理，其形式是绝对精神的自由思想，从而真正使绝对精神成为绝对精神。

这里且不讨论黑格尔如何认为哲学高于艺术，从黑格尔的上述观点我们至少可以得出这样的结论：艺术和哲学同属精神的最高阶段，它们具有同样的对象和内容，它们都能够把握"绝对精神"，只不过艺术使用的是形象的直观，而哲学使用的则是概念的思辨。因此，艺术与哲学的这种"同源性"就决定了它们之间必然有一种相辅相成、相得益彰的关系。不仅艺术的内容可以用哲学的抽象概念来表达，反过来哲学的内容也可以用艺术的直观形象来表达。仅就后者而言，艺术的表达方式自有其独具的特色和独特的价值，乃至特有的优势，这些是即便哲学的表达方式也不能完全取代的。

但到此还不能为止。黑格尔还进一步认为，艺术为了必须由自己来创造的直观，不仅需要外部给定的材料，包括主观的意象和表象，而且为了表达精神的内容还需要据其意义所给定的自然形式，即种种形象。"在这些形象中，人的形象是最高的和最真实的，因为精神只有在人的形象里才能具有它的形体性，并因而具有其可直观的表达。"（《精神哲学》，第558节）

显而易见，这里黑格尔的意思是，艺术具有把握"精神"、表达"精神"的能力和资格。而艺术表达"精神"，必须使用形象的直观。这个形象，就是外部给定的直观形式。在世间万物中，唯有人具有精神，因而唯有人的形象才具有"精神"的形体性，从而最适合于直观地表达"精神"。在各种艺术形式中，也许作为视觉艺术的绘画最具有直"观"性了。因此，肖像画也就是最能直观地表达"精神"的艺术品类了。

我们还可以按照黑格尔的思路继续推论。在黑格尔看来，哲学是人类精神把握和表达"绝对精神"的最高形态。因此，哲学家与"精神"的关系是最密切的，其形象是最高的和最真实的。在哲学家的形象中，精神具有其最真实的形体性，因而具有其最可直观的表达。哲学家的肖像画就是直观的哲学本身！一部《哲学家画传》就是一部哲学史！如果不是黑格尔已故去近200年，我真想说黑格尔是在直接地赞誉晓源的工作。

当然，为哲学家作画，绝非自晓源始。在东西方各大文化传统中，都流传下来不少的哲学家肖像佳作。然而，有计划地、系统地为哲学家这个群体创作肖像，此前可能也只有意大利画家拉斐尔的千古名画《雅典学园》了。在这幅巨型壁画中，拉斐尔打破时空限制，让不同时代、不同地域的50多位思想家聚集一堂，或站或走，或坐或卧，或演讲论辩或独自沉思……以不

同的方式和形象展现着每一个人的"个人灵魂",从而在一幅壁画中共时性地描述了西方逾千年之久的哲学历史,其胸襟气魄,其艺术构思,均堪称前无古人。

然而,拉斐尔的《雅典学园》也免不了给人留下种种遗憾。其一,拉斐尔将此画冠名为《雅典学园》,却将学园诞生前的哲学家和后世与学园并无干系的哲学家纳入画中,可谓是开了西方独尊柏拉图的先河。其二,为了突出雅典学园的道统,让柏拉图、亚里士多德师徒联袂出场,居于C位,赫拉克利特、毕达哥拉斯、巴门尼德,甚至柏拉图的老师苏格拉底等前贤均沦为陪衬,情何以堪。其三,拉斐尔本人的哲学造诣堪忧,因而在哲学家的"神似"方面,或者在黑格尔的意义上表达"精神"方面不免有所欠缺,例如抬手指天的柏拉图和垂手指地的亚里士多德真的能表达这两位哲学巨匠的思想特征吗?

也正是鉴于此,我对晓源的这部大作寄予极大的期望。其一,晓源恢复了哲学的历时性,使每位哲学家独立成像,以画传的形式依次展现的是西方哲学逾2500年的完整历史。其二,每位哲学家独立成像的结果,是把整部西方哲学史视为智慧积叠的山岭,把每一位哲学家都视为其中一座独秀的高峰,充分尊重了每一种哲学形态的充分价值。其三,晓源不仅是一位画家,而且是科班出身的北大哲学硕士,对哲学有深刻的理解,至今仍活跃在学术前沿。那些年代久远的哲学家,虽然其思想为我们所念兹在兹,但其形貌却往往"蒙尘"已久,正要靠晓源这样的画家兼哲学家来"传神"。其四,也是最重要的一点,西方哲学家的形象,以往我们多是从西方传统艺术得知,晓源今以中国丹青之妙笔再现,定能大异其趣。可惜我对绘画一窍不通,就不能对此赘言了。

希望,并且坚信读书界能够欢迎晓源的大作面世。

是为序。

序 二

如何用图像传达精神？

孙周兴

（浙江大学、中国美术学院教授）

初识晓源时，他送我一幅肖像画，画的是德国哲学家马丁·海德格尔，自然是我喜欢的。但当时我对晓源并无深刻印象。之后交道了几回，多了了解，才觉得晓源也是个好玩的人，性情中带着农民式的特别厚实的东西，对于人和事保持超常的热情，多有奇思妙想。

晓源是研究哲学的，后来分了精力去做博物学，收集了许多奇奇怪怪的材料，然后出了好多图书，最美的鸟呀最美的花之类。据说这些书在市场走得不错，为此他颇有些得意，有一次还邀我去上海书展为他的新书站台。我居然也去了。不仅如此，晓源又学了国画。我向来是喜欢杂家的，以我们绍兴人的说法，"三脚猫"才好玩呐。哲学加上博物学，再加上艺术，晓源真的是典型的玩家了。

用国画画西方历史上的著名哲学家，估计这事从来都没人做过，也属于晓源的一个首创。有一回我建议他：应该精选20个左右中国哲学家，20个左右西方哲学家，都画一画，做一个并置的展览——最好，用油画画中国的，用国画画西方的，那可真有意思了。

人物画或肖像画，无论东西，都讲究一个"像"。画了半天人物，居然不"像"，那肯定是有些挫败的。但中西两边，关于"像"的观点却是有差别的。再有，无论哪一边，各个历史时期里关于"像"的看法也不尽相同。列奥那多的"像"与贾科梅蒂的"像"，会是一回事么？当然不。

现代摄影出现以后，西方绘画就不那么讲究"像"了，绘画的写实和记录功能渐失。现代画家们差不多要以"不像"为荣了。但也还有艺术家追求别样的"像"，比如前述的雕塑家贾科梅蒂。他做的人物雕塑多半就没有人样了，要说"像"就有些勉强，偏偏此公嘴上又倡导"像"，硬说自己的艺术是要追求一种"像"（likenesses）。可是，一个极度扭曲和变形的丝瓜一样的人像如何可能"像"呢？

这事要从学理上讲，就是艺术之"真"的问题了。其实要放在中国艺术的语境里也不算难解，无非是一个"神似"而已。中国人物画追求以形写神、形神兼备，"神似"是头一位的。不过，当年萨特为贾科梅蒂辩护时，用的也是这一招数：贾氏作品虽然并非客观写实，但我们一眼就能看出那是谁，难道还不足以撇清主观主义嫌疑么？——可见贾科梅蒂的"像"是另一种"真"，大抵也比较接近于我们讲的"神似"了。

我看了晓源的中西哲人肖像系列，特别是其中我比较关注的几个现代西方哲人的肖像，感觉在"神似"这一项上，他的部分作品应该是成功的，是有神采的。马克思不错，尼采未出神，胡塞尔画得太愤青了，海德格尔还行，等等。

确实，历史上的哲人长得千奇百怪，好看的不在多数，尼采就说苏格拉底奇丑。但哲人之为哲人，总归是一种特殊的精神存在，气场非同寻常，也可以说是"神"一样的存在；而且，他们的精神、神气、神态等也是各不相同，要用图像把他们的"神"传达出来，固然并非易事。

晓源这本画册名为《大哲学家——西方100位著名哲学家画传》，算是一次试验，试试如何用图像传达精神。究竟是否成功，成功几分，则要由读者诸君来裁判了。

目 录

序一　直观哲人千年之风神　/ i
序二　如何用图像传达精神？　/ v

泰勒斯　/ 2
阿那克西曼德　/ 4
毕达哥拉斯　/ 7
赫拉克利特　/ 10
巴门尼德　/ 12
芝　诺　/ 14
普罗泰戈拉　/ 16
阿那克萨戈拉　/ 18
苏格拉底　/ 20
德谟克利特　/ 22
柏拉图　/ 24
第欧根尼　/ 26
亚里士多德　/ 28
柏拉图与亚里士多德　/ 31
伊壁鸠鲁　/ 34
西塞罗　/ 37
卢克莱修　/ 40
塞涅卡　/ 42
爱比克泰德　/ 44
马可·奥勒留　/ 46

奥古斯丁　/ 48
希帕蒂亚　/ 50
阿伯拉尔　/ 53
阿奎那　/ 56
奥卡姆的威廉　/ 58
库萨的尼古拉　/ 60
马基雅维利　/ 64
培　根　/ 66
霍布斯　/ 68
笛卡尔　/ 70
帕斯卡　/ 72
洛　克　/ 74
斯宾诺莎　/ 76
莱布尼茨　/ 78
贝克莱　/ 80
孟德斯鸠　/ 82
伏尔泰　/ 84
休　谟　/ 86
卢　梭　/ 88
狄德罗　/ 90
爱尔维修　/ 92
康　德　/ 94
赫尔德　/ 96

费希特 / 98	石里克 / 156
威廉·冯·洪堡 / 100	雅斯贝尔斯 / 158
施莱尔马赫 / 102	卢卡奇 / 160
黑格尔 / 104	布洛赫 / 162
谢林 / 106	蒂里希 / 164
叔本华 / 108	维特根斯坦 / 166
托马斯·卡莱尔 / 110	海德格尔 / 168
费尔巴哈 / 112	卡尔纳普 / 170
克尔凯郭尔 / 114	本雅明 / 172
马克思 / 116	伽达默尔 / 174
斯宾塞 / 118	拉康 / 176
狄尔泰 / 120	波普尔 / 178
海克尔 / 122	萨特 / 180
詹姆斯 / 124	列维纳斯 / 182
尼采 / 126	阿伦特 / 184
索洛维约夫 / 128	波伏娃 / 186
弗洛伊德 / 130	加缪 / 188
齐美尔 / 132	阿尔都塞 / 190
胡塞尔 / 134	罗尔斯 / 192
柏格森 / 136	德勒兹 / 194
杜威 / 138	福柯 / 196
怀特海 / 140	塞缪尔·亨廷顿 / 198
韦伯 / 142	乔姆斯基 / 200
克罗齐 / 144	哈贝马斯 / 202
列宁 / 146	德里达 / 204
卢森堡 / 148	理查德·罗蒂 / 206
罗素 / 150	保罗·维利里奥 / 208
别尔嘉耶夫 / 152	安东尼·吉登斯 / 210
卡西尔 / 154	乌尔里希·贝克 / 212

泰勒斯

泰勒斯（Thales，约前624—约前546），古希腊思想家、科学家、哲学家，希腊最早的哲学学派——米利都学派的创始人，希腊七贤之首，西方思想史上第一个有记载有名字留下来的思想家，被称为"科学和哲学之祖"。

泰勒斯是人类第一个成功预测日食的科学家，他在公元前585年成功预测了一次日食。他有两个著名的故事。一个是预测橄榄丰收。有人讥笑哲学家无用与贫穷，他说我们凭借知识完全可以致富！他夜观天象，预测明年橄榄树丰收，于是他先租下榨橄榄油的机器，等到来年丰收的时候，他把榨橄榄油的机器再转租出去，狠赚了一把。另一个是仰望星空的故事。泰勒斯夜观天象，不慎掉到土井里，侍女嘲笑说：一个连地上事物都看不清楚的人，还怎么能观察天上事物呢？德国哲学家黑格尔评价说："他们不知道哲学家也在嘲笑他们不能自由地跌入坑内，因为他们已永远躺在坑里出不来了——因为他们不能观看那更高远的东西。"泰勒斯的哲学观点用一句话来总结就是"水生万物，万物复归于水"，他认为世界的本原是水。泰勒斯的哲学主张看似简单，却包含着哲学史开端的必然逻辑。黑格尔称赞泰勒斯是"第一个自然哲学家"。梯利则指出："泰勒斯的重要性在于他直截了当地提出哲学问题，在回答问题时不牵扯神话中的事物。"

泰勒斯

水生万物万物复归于水

大哲人泰勒斯如是说
戊戌之年薛晓源敬写

阿那克西曼德

阿那克西曼德（Anaximander，约前610—约前545），古希腊哲学家，据传是"哲学史第一人"泰勒斯的学生。阿那克西曼德出生于米利都。他的生卒年代并不确定。梯利说："相传他对天文学、地理学和宇宙生成论感兴趣；他绘制了地形图和天体图，把日晷引进希腊。他的论文《自然论》只有断简残章留下来，这是希腊第一部哲学著作，用希腊文写的第一部散文著作。"他多才多艺，拉尔修在《名哲言行录》中认为："他还制造了时钟以报时。他第一个在地图上描绘大地和海洋的轮廓，此外他还制造了地球仪。"因此，后世认为他是绘制世界上第一张全球地图的古希腊哲学家。阿那克西曼德认为万物都起源于一种简单的原质，它既不是泰勒斯所设想的水，也不是赫拉克利特所设想的永恒的火，这些要素还需要进一步的解释，因此不是本原。他认为物质的"本原"是不定的或无限制的实在，而且"它包围着一切世界"——因为他认为我们的世界只是许多世界中的一个。他叫这样的东西作"阿派朗"（无限，即无固定限界、形式和性质的物质）。梯利在《西方哲学史》中评价说："无限、即一种永恒不灭的实体。万物由它构成，又复归于它。所谓无限，他似乎指的是一种无穷无尽充满于空间的活泼的质料，但是他未明确规定其性质，因为他认为一切属性都是从它产生的。"

阿那克西曼德还提出独树一帜的生物学说，他认为从太阳潮湿的元素中蒸发产生了第一批生物，最原始的动物是从海里的泥演变而生成的。"象所有其他动物一样，人最初是鱼。"他认为人是从一种鱼类演化而来的。后世追认他为进化论的理论先驱。

阿那克西曼德的著作有《自然论》，已散佚。他的论述只有一个神秘的句子流传至今："万物所由之而生的东西，万物消灭后复归于它，这是命运规定了的，因为万物按照时间的秩序，为它们彼此间的不公平而互相补偿。"德国著名哲学家海德格尔认为这是"西方思想中最古老的箴言"，在1946年专门写了一篇文章《阿那克西曼德之箴言》。根据这篇文章的说法，阿那克西曼德的箴言至少有三种不同的翻译。尼采将其译为："万物由它产生，也必复归于它，都是按照必然性；因为按照时间的程序，它们必受到惩罚并且为其不正义而受审判。"海尔曼·第尔斯对这则箴言做如下翻译："但万物由它产生，毁灭后又复归于它，这都是按照必然性；因为它们按照固定的时间为其不正义受到惩罚并相互补偿。"根据海氏独到的诗与思的多维度解读，海德格尔把它最终翻译为："……根据用；因为它们（在克服）非嵌合中让嵌合从而也让牵系相互归属。"海德格尔认为不能以

阿奎那

云：萬物由定命而生也，世復歸於定命，都是按照必然性，因為按照時間的程序，它們必受到懲罰並且為它們不正義而受審判。據大悟尼果的譯文。

戊戌之年薛曉源

历史学和语文学的方式来翻译这句箴言，他认为应该从现实语境——当前世界命运的纷乱状况出发，使这个箴言产生异乎寻常的反响。他忧心忡忡地认为："人类正在贪婪地征服整个地球及其大气层，以权力方式僭取自然隐蔽的支配作用，并且使历史进程屈服于一种对于地球的统治过程的计划和安排。"

罗素在《西方哲学史》中对阿那克西曼德如是评价："凡是在他有创见的地方，他总是科学的和理性主义的。"

毕达哥拉斯

毕达哥拉斯（Pythagoras，约前580—前500或490），古希腊数学家、哲学家。毕达哥拉斯出身于爱琴海中的萨摩斯岛（今希腊东部小岛）的贵族家庭，自幼聪明好学，曾在名师门下学习几何学、自然科学和哲学。英国学者麦德森·皮里认为："在学校里，我们会学到以毕达哥拉斯的名字命名的定理。毕达哥拉斯是有史以来最具影响力的思想家之一，……据说在意大利的希腊城市科罗顿（Croton）创办学校前，他曾游历埃及和巴比伦。关于毕达哥拉斯及其追随者的众多传说中蕴含着丰富的毕氏思想。"

黑格尔说，毕达哥拉斯是一个很美的人，并且仪表庄严，既令人喜爱，同时又令人敬畏。这种天生的威仪、高尚的道德、规矩的仪注，再加上他一些外在的特质，使他成为一个独特的、充满着秘密的人。一个关于毕达哥拉斯的故事是毕达哥拉斯与渔夫。有一次他在进城路上遇到没有捕到鱼的渔夫们，他叫他们重新撒一次网，预言网里将会有多少鱼。渔夫们对这个预言很惊讶，便应了他的预言，答应他如果预言证实了，他要他们做什么，他们便做什么。预言证实了。于是毕达哥拉斯要渔夫们把这些鱼趁活着的时候再抛到海里去，因为毕达哥拉斯是不吃鱼的。罗素在《西方哲学史》中对其人如是评价："这一章的主题是毕达哥拉斯对古代和近代的影响。无论就他的聪明而论或是他的不聪明而论，毕达哥拉斯都是自有生命以来在思想方面最重要的人物之一。数学，尤其是在证明式的演绎推论的意义上的数学，是从他开始的；而且在他的思想中数学与一种特殊形式的神秘主义密切地结合在一起。自从他那时以来，而且一部分是由于他的缘故，数学对于哲学的影响一直都是既深刻而又不幸的。"

毕达哥拉斯及其学派对数学、音乐和天文学有非常狂热的痴迷和深入的研究，他们认为天体运动的和谐，就像音乐中的和谐一样，源于一种数的秩序。他们企图表明万物的守恒定律可以用概念来理解，来表现；他们企图在数学关系中找到这种秩序的最后根源。文德尔班认为，"毕达哥拉斯学派发现数是决定性原则，……哲学所探索的永恒存在在数中找到了。……毕达哥拉斯学派在数学关系中，特别是在数中找到了世界永恒的本质"。毕达哥拉斯学派对数学的重视达到了无以复加的地步，企图用数来解释一切。梯利说："毕达哥拉斯学派精心研究在数中可以发现的无穷的特征，把这些特征赋予整个宇宙。"他们宣称："万物不是产生于数目，而是按照数目构成的。……万物是数的模写或摹拟，……数学形式是永恒的存在，而经验现实只是与之对比的流变的世界。"

毕达哥拉斯学派，是一个集政治、学术、宗教三位于一体的组织。毕达哥拉斯于公元前6世纪末在位于南意大利的希腊港口科罗顿创办了一个研究哲学、数学和自然科学的团体，其成员大多是数学家、天文学家、音乐家，后来便发展成为一个有秘密仪式和严格戒律的宗教性学派组织，公元前5世纪被迫解散。梯利认为："这个毕达哥拉斯社团似乎是一个实际的公民训练学校，在这里试验毕达哥拉斯的理想。"

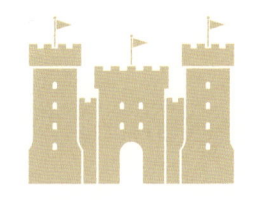

毕达哥拉斯 丁酉薛晓源写

赫拉克利特

赫拉克利特（Heraclitus，约前540—前480），一位富有传奇色彩的哲学家，是爱菲斯学派的代表人物。赫拉克利特极为高傲、特立独行。据拉尔修记载，他因为厌恶庸人而放弃王位、退隐山林。他虽放弃了王位，却未曾放下他那王者的高傲气派。他不仅提出火原论，而且按照火原论的原则来生活。他说："干燥的灵魂最为智慧和优秀。"他鄙视那些潮湿的灵魂："当一个人酒醉之时，就由一个孩童引领，跟跄蹒跚，不知去向何方，因为他有着潮湿的灵魂。"他所谓的"火"近乎中国文化中所谓的"道"："这个万物共有的世界秩序，不是任何神或人创造的；它过去、现在和未来永远是一团永恒的活火，按照一定的分寸燃烧，按照一定的分寸熄灭。"与"道"不同的是，他那"永恒的活火"充满了斗争的张力，因为"对立造成和谐"，"战争是万物之父"。

黑格尔说："赫拉克利特被认为是晦涩的，并因其晦涩而闻名。……赫拉克利特的晦涩使他得到'晦涩的人'的绰号，这乃是忽略语法及不完善的语言的结果；这也是亚里士多德的意见。"苏格拉底说，赫拉克利特"所了解的是深邃的，他所不了解而为他所信仰者，也同样是深邃的；但是，为了钻透它，就需要一个勇敢的游泳者"。黑格尔对赫拉克利特极为推崇，他认为，"在赫拉克利特那里，哲学的理念第一次以它的思辨形式出现了：巴门尼德和芝诺的形式推理只是抽象的理智；所以赫拉克利特普遍地被认作深思的哲学家，虽说他也被诽谤。（像在茫茫大海里航行，）这里我们看见了陆地"。黑格尔骄傲地声称："没有一个赫拉克利特的命题，我没有纳入我的逻辑学中。"

赫拉克利特被称为辩证法的奠基人之一，因为他是古代希腊哲学家中，第一个用朴素的语言讲出了辩证法的要点的人。

人不能兩次踏入同一條河流，因為無論是這條河還是這個人已經不同。偉大思考者赫拉克利特如是說

丁酉臘吹源寫

巴门尼德

巴门尼德（Parmenides of Elea，约前515—前5世纪中叶以后），是一位诞生在爱利亚（南部意大利沿岸的希腊城市）的古希腊哲学家。他是古希腊哲学爱利亚学派的创始人。他出身于爱利亚城邦的一个富有的家庭。黑格尔说，巴门尼德"在爱利亚受到他本邦的同胞的高度尊敬，他们的幸福生活主要地应归功于巴门尼德为他们制定的法律"。他到过毕达哥拉斯学派的活动中心科罗顿，晚年游历过雅典。根据柏拉图的记载，苏格拉底在年轻的时候（公元前450年左右）曾和巴门尼德会过一次面，当时巴门尼德已经是一个老人了，苏格拉底称赞巴门尼德是可敬和可畏的人。柏拉图脍炙人口的对话录《巴门尼德篇》的两个主角就是苏格拉底和巴门尼德。巴门尼德曾受到毕达哥拉斯学派的影响，但他的哲学的主要来源却是克塞诺芬尼关于神是不动的"一"的理论。巴门尼德根据克塞诺芬尼的思想，以存在与非存在、思想与感觉、真理与意见三对概念范畴取代了"一"。

黑格尔极为推崇巴门尼德，他认为："真正的哲学思想从巴门尼德起始了，在这里面可以看见哲学被提高到思想的领域。"罗素认为："巴门尼德在历史上之所以重要，是因为他创造了一种形而上学的论证形式，……人们常常说他曾创造了逻辑，但他真正创造的却是基于逻辑的形而上学。"巴门尼德对后世的哲学家影响很大，苏格拉底、柏拉图、亚里士多德都在其理论基础之上批判地借鉴他的学说。

巴門尼德像

海德格爾云：思想興存在的關係推動著全部西方的沉思。巴門尼德往來經思索地經驗到這個思想，因為他在傾聽無蔽而召喚之際，既著眼於在場又著眼于在場者而思考了二重性之命運。戊戌薛叱源敬錄

芝 诺

芝诺（Zeno of Elea，约前490—约前425），古希腊数学家、哲学家。哲学史上有好几位名叫芝诺的人，这位爱利亚的芝诺，他的名声和重要性都和悖论联系在一起。这位芝诺是巴门尼德的学生，为捍卫老师的存在学说，他提出了一系列著名的悖论。这些悖论一方面反对从"多"的角度去看世界，此类反驳尤其指向原子论者；另一方面反对从"运动"的角度去看世界。比如，针对前者，他提出，当每个谷粒都不发出声音的时候，一堆谷物就不会发出声音。他以此反对原子论者从量的累积来解释质的规定性。针对后者，他论证说，不可能穿过一个固定的空间，因为被穿越的空间之无限可分性让运动之开端成为不可能。他由此得出阿基琉斯追不上乌龟、飞矢不动等著名悖论。他的这些悖论显然都违反日常经验，可他并不是胡搅蛮缠，而是用逻辑推论来挑战经验和基于这些经验的哲学理论。对芝诺悖论的反驳成了后世哲学家的重要任务，并因此推进了逻辑思维的发展。

在《哲学史讲演录》中，黑格尔高度评价芝诺的哲学成就，他认为："芝诺的出色之点是辩证法。他是爱利亚学派的大师，在他那里，爱利亚学派的纯思维成为概念自身的运动，成为科学的纯灵魂，——他是辩证法的创始者。"

趙甫造像
丁酉薛晔源寫

普罗泰戈拉

普罗泰戈拉（Protagoras，前490或480—前420或410），是智者派的主要代表人物。

希波战争推动了希腊的统一和繁荣，公元前5世纪中叶，希腊的精神生活汇集到了雅典。哲学的中心也从殖民地转移到了雅典，渐渐兴起了具有启蒙色彩的智者运动。所谓智者，即"拥有智慧的人"。他们是公开的修辞教师、哲学的通俗化和工具化传播者。他们适应了民主政治的需要，向有政治野心的希腊青年收费教学。普罗泰戈拉是其中名望最高的一位。"人是万物的尺度，是存在者存在的尺度，也是不存在者不存在的尺度。"他的这一著名论断既有相对主义色彩，也隐含着人本主义主张。相应地，他在神学上也提出了不可知论，而这种主张在那个时代是极具颠覆性的："关于神，我既不知道他们存在，也不知道他们不存在。有许多东西阻碍着我们的认识，如问题的晦涩和人生的短促。"

普罗泰戈拉并不仅仅是一个收费的智者教师，也是一位重要哲学家。黑格尔认为，普罗泰戈拉是"一位深刻的、彻底的思想家，一位对那些十分普遍的根本规定有所思考的哲学家"。在"人是万物的尺度"的思想中，体现出了主体思维与客观事物之间的辩证统一关系。思想者作为能动主体，规定和产生着思想内容。

普羅齋夫婦

丁酉歲 曉源

阿那克萨戈拉

阿那克萨戈拉（Anaxagoras，前500—前428），古希腊哲学家、数学家和天文学家。他的著作《自然论》的重要片断被保留了下来，这本书是用简洁明快的散文来撰写的。他出生于小亚细亚的克拉佐美尼，是阿那克西美尼的学生，被老师带到了雅典。他是第一个把哲学带到雅典本土的人，雅典由此开始知道哲学。由于他否认天体是神圣的，因此被控亵渎神圣，在好友民主派领袖伯里克利周旋之后，他仅被驱逐出境。

阿那克萨戈拉深受伊奥尼亚学派思想影响，认为"种子"是构成世界万物的最初元素；种子本身是不动的，"奴斯"（Nous）推动种子的结合和分离。在希腊文中，"奴斯"本义为心灵（灵魂、精神、理性），指有智慧的本原，一个使世界有秩序的精神。阿那克萨戈拉以此来表述万物的最后动因。古希腊的"奴斯"作为一个哲学概念是由阿那克萨戈拉首次引入哲学中来的，由此影响了苏格拉底、柏拉图，促成了希腊哲学从自然哲学向精神哲学的一个大转折。

阿那克萨戈拉深受伊奥尼亚学派思想的影响，但他又不满足于用某一种具体物质或元素作为万物本原的主张，因为这不能解决一和多的关系问题。在一篇高贵而富有激情的论文的开头，他这样写道："太初万物混沌，然后理性出现，共创秩序。"梯利认为："阿那克萨戈拉从我们所观察到的天体运行得到启发，找到答案。一种迅速有力的旋转运动产生于质料中的某一点，使胚芽分开。这种运动越来越往远处伸展，把同质的种子集合在一起，并且将不断伸展，直到原始混沌的混合物完全解体为止。"黑格尔评价说："阿那克萨戈拉的原则，是他把voũs（心灵）、思想或一般的心智认作世界的单纯本质，认作绝对。'心灵'的单纯性并不是一种存在，而是普遍性（统一性）。"阿那克萨戈拉以此来表述万物的最后动因。他认为，奴斯和任何个别事物都不同，它不和别的事物相混杂，是万物中最稀薄者；奴斯是运动的源泉，宇宙中各种天体都是由奴斯推动的，并使之做有秩序的运动，宇宙天体过去、现在和将来的一切东西都是由奴斯安排的，"这就造就一个世界，一个完美的世界"。对此，文德尔班饱含激情地评论道，"阿那克萨哥拉学说的目的论的动机基本上是出于他对繁星世界秩序井然的倾慕。繁星世界，在执行了'奴斯'发动的转动之后，总是在同一轨道上毫不受干扰地继续运动。……这种目的论的宇宙论的目光只注视星空的美丽"。

阿耨尊薩
太初云：
太初萬物
混沌，然后理
性出现，共创
秩序。

戊戌驚蛰啪源

苏格拉底

苏格拉底（Socrates，前469—前399），古希腊著名的思想家、哲学家、教育家。"一种未经审查的生活是不值得过的。"苏格拉底不仅如是说，而且如是生活。他的生活就是对雅典公民生活的一种审查，由此吸引了雅典最有才华的贵族青年，成一时之风尚。其中最著名的有哲学家柏拉图，也有政治家阿尔喀比亚德，还有政治家和史学家色诺芬。苏格拉底的父亲是雕刻匠，母亲是助产婆。他即便高谈阔论，也似乎不曾忘记自己的出身和父母的职业：与贵族青年谈论高深哲学问题时常引手工艺的例子，诸如制鞋、造船之类，并说自己是"灵魂助产士"。他声称自己知道自己不知道，因而他的教育只是通过提问把对话者灵魂中已有的认识接生出来。事实上，他在对话中往往让对话者陷入自己所没有意识到的矛盾，意识到自己的无知。他的做法还吸引青年竞相效仿，质疑城邦的权威和习俗。在70岁的时候，他因"败坏青年，不信城邦信的神"而被判死刑。苏格拉底的死是西方思想史上最著名的事件之一。

大漠甘霖耶穌

己亥春薛曉源敬篆

德谟克利特

德谟克利特（Demokritos，约前460—前370），古希腊伟大的唯物主义哲学家，原子唯物论学说的创始人之一。

著名哲学史家文德尔班在其《哲学史教程》中，将德谟克利特与柏拉图并列，称之为古希腊哲学体系化时期的"源于同根的两条平行路线"。可事实上，无论从名声还是从实际影响来说，柏拉图都远胜德谟克利特，原因主要地在于德谟克利特的著作大多遗失了，而柏拉图的对话得到近乎完美的保存，在著作之外还有直系学派绵延千年而不绝。德谟克利特所代表的原子论因而在柏拉图主义之外构成了西方哲学史的支流，并在哲学史的转折期往往产生不可忽视的影响。在原子论者看来，性质是运动的产物，只不过是一种相对实在，源自绝对实在，即无数能动的、同质的、不同形状的"原子"在"虚空"中的运动。世界的终极实在只是"虚空"中的"原子"运动。尽管如此，德谟克利特亦有一种理性主义伦理学。灵魂是最精微（平滑、圆形、微小）的火原子，粗暴的运动方式扰乱了火原子，妨碍了灵魂的宁静。因此，感官的快乐是欺骗性的，只有精神的快乐才是真实的。真正的快乐在于灵魂的安宁。

不要企圖無
所不知，否則
你將一無所
知。古希臘哲人
德謨克利特
如是說
丁酉薛曉源

柏拉图

柏拉图（Plato，前427—前347），古希腊伟大的哲学家，也是全部西方世界最伟大的思想家。

柏拉图和他的老师苏格拉底、学生亚里士多德，同属世界哲学史上最受敬仰的名字。可柏拉图其实只是他的绰号，他的原名阿里斯托克勒斯（Aristocles）怕已少有人知。阿里斯托克勒斯因体魄强健或前额宽阔而被体育老师称为"柏拉图"。他的父母皆出自名门望族。他幼年丧父，从小在继父家中度过，继父与雅典民主派领袖伯里克利关系密切。母系为梭伦的第六代后裔，柏拉图母亲的亲兄弟卡尔米德和堂兄弟克里底亚都是雅典"三十僭主"的主要代表人物。一方面，政治事务于柏拉图而言就仿佛空气；另一方面，这名贵族青年赶上了雅典黄金时代的尾声，热衷于文艺创作。和苏格拉底的相遇改变了这一切。"据说苏格拉底曾梦见一只天鹅站在自己的膝盖上，然后突然展开翅膀，发出一声悦耳尖鸣后就飞走了。结果第二天有人就介绍柏拉图做他的学生，在他身上苏格拉底看到了自己梦中的天鹅。……（柏拉图——引者注）听了苏格拉底谈话后，就把自己的诗投进了火堆。"（据拉尔修的记载）柏拉图在20岁时成为苏格拉底的学生，跟随苏格拉底学习不过七八年时间，但这段时间恰恰是雅典的非常时期：伯罗奔尼撒战争以雅典战败而告终，"三十僭主"仅存在8个月就被民主派推翻，接着苏格拉底被审判和处死。这构成了柏拉图的思考和写作背景。他的哲学对话堪称哲学与文学的完美结合。他通过哲学对话的写作为老师苏格拉底申辩、为哲学正名，也为人类的政治生活寻求超越性规范，还通过创立学园培养雅典青年。他的理念论为西方哲学史提供了第一个宏大的思想体系。西方哲学史只是对柏拉图的一系列注脚，现代哲学家怀特海的这句名言虽不无夸张，可也差之不远。

柏拉图

真理是美好而又持久的東西
柏拉圖如是說
癸卯祥旺源寫

第欧根尼

第欧根尼（Diogenēs，约前412—前323），古希腊哲学家，犬儒学派的代表人物。

有关第欧根尼，重要的不是任何学说，而是他的生活方式。他是践行哲学生活的一位名士。据拉尔修记载，他通过观察一只老鼠的生活而突然悟道，从此鄙视世俗、批判文明，过着"回归自然"的生活，因此而成犬儒的代表。只是古代哲学史上的犬儒并非我们日常所谓的犬儒，不是消极避世、逆来顺受的，而是愤世嫉俗的。据说，亚历山大大帝曾去看望住在一只木桶里的第欧根尼，问自己能为他做些什么。当时第欧根尼正在晒太阳，他非常不以为然地回答："请让开，别挡住我的阳光。"就是这样一位第欧根尼赢得了亚历山大的尊重，据说亚历山大曾说："如果我不是亚历山大的话，我愿意做第欧根尼。"

罗素在《西方哲学史》中说道，第欧根尼"决心像一条狗一样地生活下去，所以就被称为'犬儒'，这个字的意思就是'像犬一样'"。因为，第欧根尼蔑视一切礼仪和风俗，认为是无聊和多余的。罗素又说，第欧根尼的教导"一点也没有我们现在所称之为'玩世不恭'的（'犬儒'的）东西，——而是恰好与之相反。他对'德行'具有一种热烈的感情，他认为，和德行比起来，俗世的财富是无足计较的。他追求德行，并追求从欲望之下解放出来的精神自由"。

猎人黄昏探水源 丙申 薛晓源

亚里士多德

亚里士多德（Aristotle，前384—前322），古希腊哲学家，世界古代史上最伟大的哲学家、科学家和教育家之一。

他出身于马其顿御医家庭，18岁入柏拉图学园，求学20载，直至柏拉图去世才离开学园。他十分敬重恩师，可也有名言"吾爱吾师，吾尤爱真理"。他的学说都是在批判前人的基础上，尤其是在对柏拉图的理念论进行批判的基础上形成的，他是希腊哲学的集大成者。亚里士多德和他的老师柏拉图一样，既有名师在先，也有高徒在后。他与亚历山大大帝曾有亲密的师生关系，后主要因政见不同而疏远。与苏格拉底和柏拉图相比，亚里士多德更多地给人一种学者印象。事实上，亚里士多德也不只是书斋中的学者，他与当时的政治人物关系紧密，甚至对当时的政治进程有直接影响。回到雅典后，他在马其顿执政官的庇护下建"吕克昂"学园，史称"逍遥学派"。亚历山大去世后，他声称自己"为了不让雅典人再次对哲学犯罪"而离开雅典。

不同于柏拉图写作构思精巧、文采飞扬的哲学对话，亚里士多德具有以抽象方法形成概念的高超天分，并以准确、严格、一贯的鲜明风格进行哲学著述。在他的传世作品中，我们看到的是使用系统的科学语言所展示出的哲学体系。亚里士多德创立了系统的逻辑学，并在形而上学、知识论、伦理学、政治哲学、美学等哲学领域中发挥着持久的影响力。文德尔班在《哲学史教程》中将他称作"逻辑之父"和"两千年来的哲学导师"。

亚里士多德

柏拉图与亚里士多德

他们是师徒，也是对手。亚里士多德在提出自己的理论之前几乎都要先批判柏拉图。他的批判尤其针对柏拉图的理念论。他说，理念无非从个别事物中抽象出的共相，非但没有解释清楚个别事物与类概念的关系，还扩大了解释需要。他认为，柏拉图为解释共相与个别的关系所提出的"分有"和"摹仿"说，"只不过是带诗意的比喻而已"。他代之以"质料"和"形式"、"潜能"和"现实"的模型来解释世界。如果说柏拉图的理念论指向了一个超越流变的存在世界，因而带有一种强烈的理想主义色彩，那么亚里士多德则尽可能地避免两个世界之间的分裂，是现实主义的。在拉斐尔的《雅典学院》中，柏拉图抱着《蒂迈欧篇》，手指向天，而亚里士多德怀抱《尼各马可伦理学》，手心向下。这固然是因为《蒂迈欧篇》谈天论地，而《尼各马可伦理学》谈论现实人生；这也因为柏拉图的学说一般而言具有理想主义色彩，与之相比，亚里士多德更多地考虑现实经验。

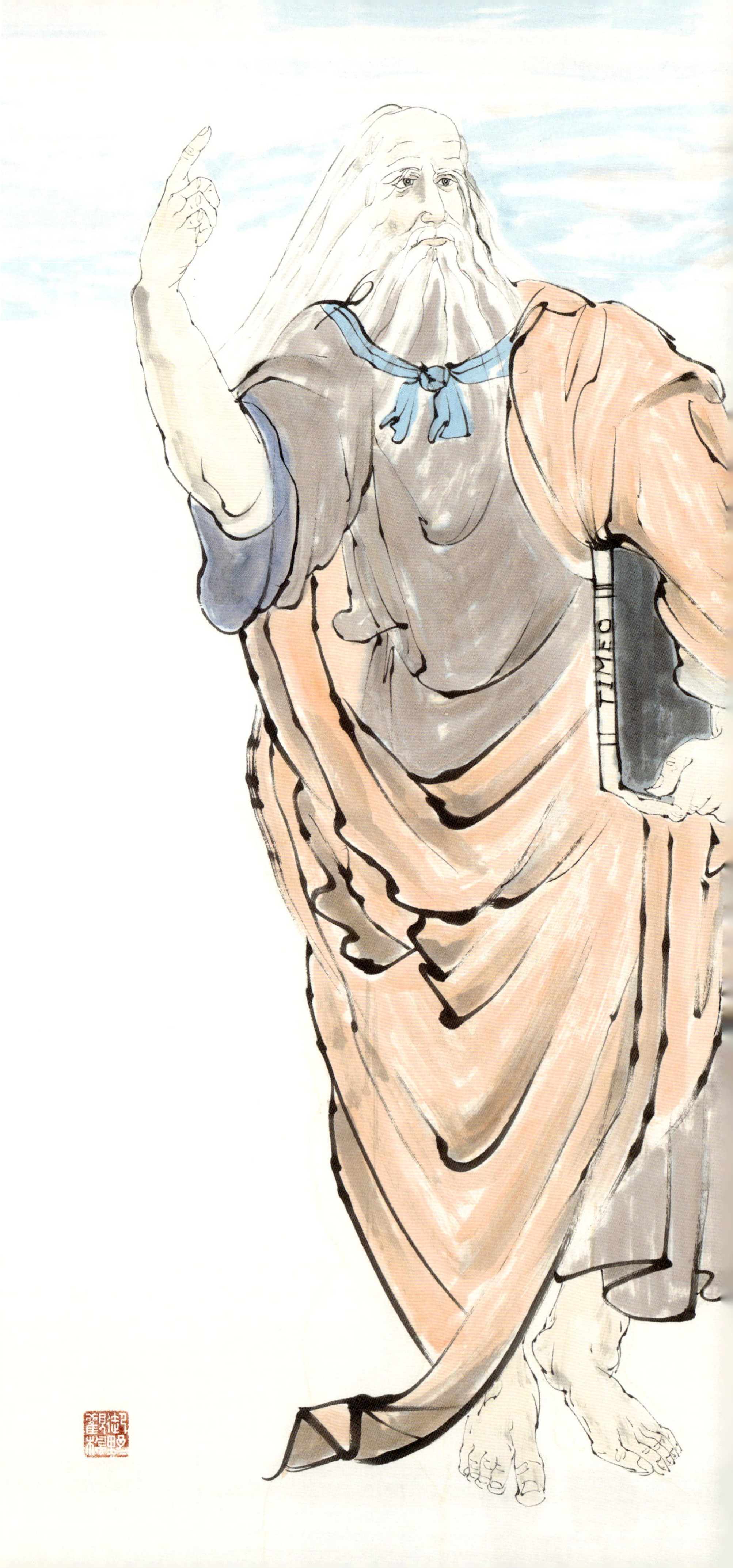
TIMEO

柏拉图与亚里士多德

丁酉薛晔源写

伊壁鸠鲁

伊壁鸠鲁（Epicurus，前341—前270），古希腊哲学家、无神论者（被认为是西方第一个无神论哲学家），伊壁鸠鲁学派的创始人。

在西方世界，伊壁鸠鲁主义是快乐主义的代名词。可事实上，伊壁鸠鲁的快乐主义恰是一种反快乐主义。他虽然说幸福即快乐，可他又把快乐区分为静态快乐和动态快乐，并认为静态快乐高于动态快乐。也就是说，他主张，人应当追求的是身体健康和灵魂安宁，而非纵欲享乐。伊壁鸠鲁还发展了德谟克利特的原子论，马克思的博士论文就以比较这两种原子论的差异为主题，他高度评价伊壁鸠鲁，这部分是因为伊壁鸠鲁允许原子偶尔发生偏斜，为人类自由留下了空间。伊壁鸠鲁主义与怀疑主义、犬儒主义、斯多亚主义一起并列为希腊化时期四大学派。然而，伊壁鸠鲁主义在古代世界实为另类，后面三种学派都共享一种目的论世界观，他们因而都极力反对伊壁鸠鲁主义。

伊壁鸠鲁认为哲学的任务在于告诉人们达到幸福的手段，研究自然及其规律乃是达到幸福的前提。他的哲学体系分为三个部分：物理学，研究自然及其规律；逻辑学（准则学），说明认识自然的方法；伦理学，研究幸福。达到幸福是人生的目的，而物理学和逻辑学则是达到目的的工具、方法和手段。哲学史家全增嘏先生在《西方哲学史》中认为："贯穿于伊壁鸠鲁哲学各部分的中心思想便是唯物主义的原子论。"

伊壁鸠鲁

云：幸福就是身体而无痛苦和灵魂而无困扰。藏在戈戈澄明斋主薛晓源

西塞罗

西塞罗（Marcus Tullius Cicero，前106—前43），首先以事功闻名。他是古代罗马最著名的政治家、修辞学家和演说家之一。

西塞罗出身算不得高贵，可他以出人的才智，尤其以他出色的演说才能，获得了政治上的成就。公元前63年，当他还只有42岁时，就曾当选为罗马执政官，并有出色的政绩。西塞罗虽然很早就开始学习，并热爱哲学，可他真正开始哲学著述是在淡出政治生活之后的几年。在哲学上，他算不得有什么突出的创见，可他是希腊哲学和拉丁文明之间的桥梁。今天不少我们熟知的西方哲学概念，是经过西塞罗对希腊哲学的拉丁化之后而流传下来的。他意识到希腊哲学的伟大，意识到罗马世界在这一方面要以希腊为师，所以他对于哲学的拉丁化有着明确的使命感，他充分地意识到用自身民族的母语来讨论哲学所关非小："我想，为了民族的利益，我必须唤起我们的人民对哲学的兴趣。在我看来，对我们民族的尊严和名声来说，这是一件极为重要的事情。"

如果一個人能對天上雲物沉思，那麼在他面對人間雲物時，他的所說所想就會更加高尚。大椙西塞羅說　薛曉源寫

揩尺司寞罫

卢克莱修

卢克莱修（Titus Lucretius，约前99—约前55），罗马共和国末期的诗人和哲学家，以哲理长诗《物性论》闻名于世。

卢克莱修以不朽的诗篇书写了伊壁鸠鲁的哲学，是最伟大的诗人哲学家之一。能与之相提并论的大概只有作了《神曲》的但丁和写了《浮士德》的歌德。古代的原子论者，无论是德谟克利特还是伊壁鸠鲁，著作都遗失殆尽，唯有通过卢克莱修，我们才能真的进入原子论的世界。极为有趣的是，原子论这种本身最为解构诗意、看似最乏诗意的学说，却因此得到了最为诗意的表达。伊壁鸠鲁的学说虽然风行一时，可在后来长时间被视为异端，这也使得卢克莱修的诗篇《物性论》长期湮没不闻，直到文艺复兴时代才得到了公正的评价。据记载，卢克莱修是自杀而亡的。哲学家当中，除了被迫自杀（实际上是被判了死刑）的苏格拉底和塞涅卡，很少有自杀而亡的现象。卢克莱修的自杀似乎也不合他所尊奉的伊壁鸠鲁主义学说，然而，他毕竟是一位热情的诗人。

卢克莱修以诗歌的形式系统阐发了原子论哲学，并以诗意的想象和具体生动的事例加以发挥，使得原子论哲学适宜流传，在唯物主义和自然哲学的发展史上产生了深入而广泛的影响。哲学史家全增嘏先生将《物性论》称作"古代原子论的百科全书"。

雨果莱像
戊戌 薛晓源 写

塞涅卡

塞涅卡（Lucius Annaeus Seneca minor，前4—65），通称塞涅卡或小塞涅卡，又译塞内加、塞内卡，古罗马斯多亚主义哲学家、剧作家、政治家，曾任尼禄皇帝的导师及顾问，但被指控参与皮索尼安阴谋，公元65年被赐死。塞涅卡对于斯多亚主义的传承和发展有着重要推动作用。在文艺复兴时期，他的作品受到了蒙田、笛卡尔等哲学家的关注，具有广泛的影响。

塞涅卡著述颇丰，有大量作品传世。在这些作品中，主要是讨论道德伦理问题的书信和对话，也有关于自然哲学的著作和悲剧作品集。《道德书简》是塞涅卡流传最广的作品，由写给他的朋友鲁基里乌斯的124封书信组成。全部书信的内容广泛，塞涅卡以一名斯多亚主义哲学家的身份，对生活、美德、死亡、学习、恐惧、享乐、财富等诸多议题发表看法和讨论。塞涅卡的作品体现了斯多亚主义哲学的很多主要理念。他认为应根据理性来克制激情和欲望，通过培养良好的德性来实现内心的平静。财富、运气等外在的善不能提供真正的幸福，唯有内在的德性才是追求幸福所必需的。他把哲学式的生活看作德性完善的楷模生活。哲学是医治人生创伤的药膏。塞涅卡哲学有着浓郁的宿命论色彩，强调宇宙理性对于世界万物和人生轨迹的主宰，认为人应该服从命运，在认识苦难中反省、忏悔灵魂的罪责，"服从神就是自由"。这与基督教思想异曲同工。由此，恩格斯说，"塞涅卡可以说是基督教的叔父"。

德涅夫

我们何必为人生的片段而哭泣，我们整个生命都催人泪下。古罗马哲学家塞涅卡说

薛晓源敬写

爱比克泰德

爱比克泰德（Epictetus，约55—约135），古罗马最著名的斯多亚学派哲学家之一。

亚里士多德有名言，哲学源于闲暇。古代世界的哲学家们几乎都是贵族出身，唯晚期斯多亚学派代表人物爱比克泰德本是奴隶，并且据说因此落下终生残疾，他是个瘸子。从曾经的奴隶，到罗马帝国时期最著名的哲学家，爱比克泰德是一个传奇。但这不只是他个人的传奇，而且是斯多亚学派的传奇。一方面，斯多亚学派的本旨并不在著书立说，而在过一种有美德的生活；另一方面，斯多亚学派主张，人不能改变或控制命运，却可以控制对待命运的态度。这种哲学因此在罗马流传极广，上至王公贵族，下至平民奴隶，都可以抱着斯多亚的态度生活。爱比克泰德也不事著述，他的名著《哲学谈话录》是门徒的记录，大约相当于我们的《论语》。爱比克泰德的美德教导骨子里又有一种极超脱的人生观，仿佛有人生如戏的意思："不论神高兴你扮演一个穷人，或扮演一个残疾人、一个统治者还是一个普通公民，你都一定要演好。因为扮演好给你的角色是你的本分。"

圣哲亚里士德

戊戌 薛曦源写

连自己的命运都不能主宰的人是没有自由可以享受的。

爱比克泰德如是说

戊明甫主人又题

马可·奥勒留

马可·奥勒留（Marcus Aurelius Antoninus Augustus，121—180），晚期斯多亚学派的代表既有奴隶哲学家爱比克泰德，也有皇帝哲学家奥勒留，由此可见斯多亚学派在罗马帝国的巨大影响。奥勒留或许不在罗马最有事功的皇帝之列，可他肯定是最有德性的一位。他也是哲学史上唯一的一位皇帝，"哲人王"这个古老理想，在他身上有了一次，恐怕也是唯一的一次真正的实现。奥勒留可谓哲学智慧和政治权力最亲密的一次接触了。他的《沉思录》有许多隽永的格言，人们至今都能从中找到安慰自己心灵的话语，其中也有一些鼓舞生存勇气的思想。比如，他说："既然你目前这一刹那就可能离开生命，你就按着这种情况来安排你的每一桩行为和思想吧。"

罗马皇帝马亨察勒留

戊戌 薛晓源 写

奥古斯丁

奥古斯丁（Saint Aurelius Augustinus，354—430），罗马帝国时期天主教思想家，欧洲中世纪基督教神学、教父哲学的重要代表人物。

奥古斯丁不仅有着深邃的思想，而且有着敏感的心灵。他不仅深刻影响了后世西方的思想世界，而且决定性地塑造了西方人的心灵。他是信仰和哲学结合的典范，主张"信仰，然后理解"，试图调和基督教信仰与希腊哲学。在他看来，信仰为理性打开了理性凭自身无法进入的领域，基督教与希腊哲学的区别不是宗教与哲学的区别，而是"真正的哲学"与"现世的哲学"的区别，信仰是"以赞同的态度思想"。他在面对世界上的恶而为上帝的正义做辩护的时候，提出了"自由意志论"，他主张"上帝必然赋予人以自由意志"，否则人没有道德责任，上帝也无赏罚公正可言。这种对自由的意志论理解是希腊世界所没有的，并且影响深远。他的《忏悔录》既是神学经典，也是哲学经典，同样有着极高的文学价值。

著名哲学史家梯利高度评价奥古斯丁思想对于基督教哲学的影响，他写道："他的体系讨论了当代最重要的神学和哲学问题，阐释了一种基督教的世界观，这种世界观达到教父思想的顶峰，成为此后几个世纪基督教哲学的指南。"

奥古斯丁

万物的和平在于秩序，而平衡、秩序就是把平等和不平等的了物安排在各自适当的位置上。大哲奥古斯丁如是说。庚子薛曰源敬写

希帕蒂亚

希帕蒂亚（Hypatia，约370—415），希腊化时期埃及的学者，是著名的女性哲学家、数学家、天文学家、占星学家以及教师。她居住在希腊化时期埃及的亚历山大城，是哲学家赛昂（Theon）的女儿，在父亲的培养下，希帕蒂亚学有所成，她曾帮助父亲修订了托勒密的《天文学大成》和欧几里得的《几何原本》。她是一位精通数学和天文学的柏拉图主义哲学家。她热爱学术和教学，学识精湛，吸引了众多学生，谢绝情爱，一生未嫁。学界公认她是柏拉图、亚里士多德和新柏拉图主义的哲学最生动的阐释者，她对亚历山大城的知识社群做出了巨大的贡献。在一个暴乱时期，她在去图书馆的路上被狂热教徒杀害。她的死被视作古代精神生活的衰败、古代浪漫主义的终结，作为古代学术中心的亚历山大城从此式微。希帕蒂亚没有肖像传世，但在后来的艺术建构中，她具有女神雅典娜般的美貌。西班牙拍摄的电影《城市广场》中再现希帕蒂亚迷人的学者形象，她像女神一样熠熠生辉。

希帕蒂亞

云：我只嫁給一個人，他的名字叫真理。

藏在戊戌澄明齋主薛曰源鑒

阿伯拉尔

　　阿伯拉尔（Pierre Abélard，1079—1142），法国著名神学家和经院哲学家，巴黎大学的创始人之一。阿伯拉尔出身于贵族家庭，但因醉心辩证法而放弃骑士生涯与贵族继承权。他到处游学，但生性好辩，是一位才华横溢、风流倜傥的神学教师。他的学说被斥为异端，著作被焚毁；因好辩与臧否名人，不为学界所容。晚年他在克鲁尼修道院，过着普通僧侣的生活。

　　阿伯拉尔是一位伟大的教师，他演讲时，往往口若悬河，极富感染力。他风度翩翩，教士富尔贝尔的17岁侄女爱洛伊斯爱上了他，他们疯狂恋爱，私奔并秘密结婚，生有一子。爱洛伊斯为了阿伯拉尔的前途，不敢承认他们已经结婚，她叔父以为阿伯拉尔欺骗其侄女感情，暴怒之下，花钱买凶将他阉割，使他成为残废，无法组成家庭。爱洛伊斯进入巴黎郊外一所修道院当修女，阿伯拉尔则前往圣丹尼斯修道院当修士。阿伯拉尔安慰难友，撰写《我的受难史》，后传到了爱洛伊斯手中，她感动不已，写信诉衷情，他们便相互通信。后人结集出版，他们的爱情故事被后人广为传播，电影《天国窃情》完美地演绎了他们的故事。

永恒的壶

爱洛伊斯与阿伯拉尔 丁西京释晓源

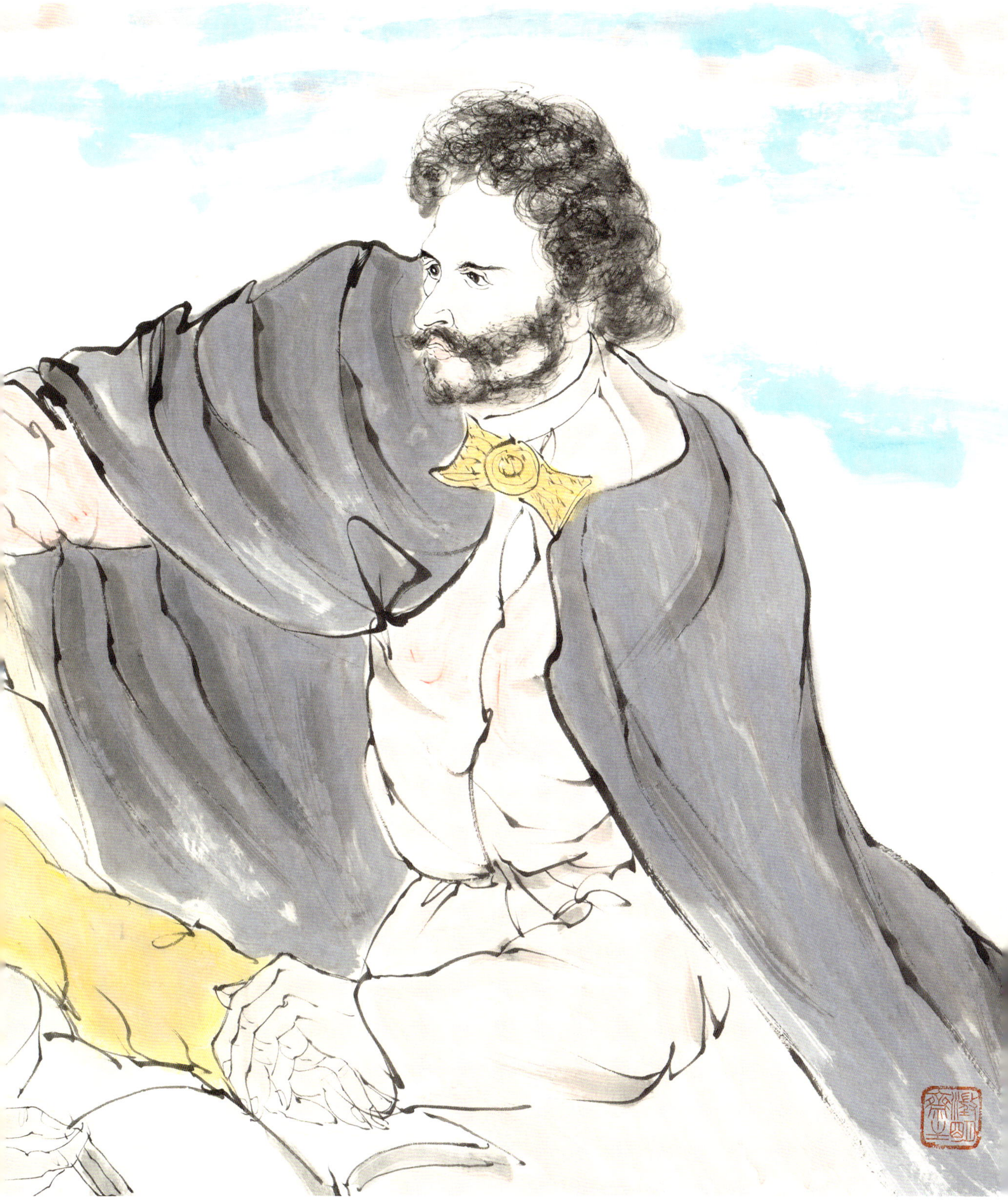

阿奎那

阿奎那（Thomas Aquinas，约1225—1274），西方中世纪最伟大的经院哲学家，自然神学最早的提倡者之一，他将基督教信仰与亚里士多德的哲学近乎完美地融为一体，他的体系迄今仍是天主教会的官方学说。当然，他并不是一开始就取得这样的地位。在他那个时代，基督教神学究竟当以柏拉图还是当以亚里士多德为基础，仍是被激烈争议的问题。亚里士多德主义一度被视为异端的标志，甚至在阿奎那死后，他的许多学说仍受谴责。可后世的天主教教义几乎无法离开亚里士多德体系，这主要得归功于阿奎那。他意在宣扬基督教信仰，可在他看来，要宣扬信仰必须借助于自然理性，因为宣教的目标是异教徒，而异教徒不接受《圣经》的权威。他在《神学大全》中提出了五种有关上帝存在的证明，史称"五路证明"，这些证明都是从亚里士多德的哲学出发的。

黑格尔在《哲学史讲演录》中说，"他拥有对于神学和亚里士多德的很广博的知识；他又被称为天使博士和宏通博士"。可阿奎那对神学的贡献究竟多于哲学，罗素所言虽过于尖刻也不无道理："他在还没有开始哲学思索以前，早已知道了这个真理；这也就是在天主教信仰中所公布的真理。"

阿奎那

所有快樂中最
偉大而快樂存在於
對真理的凝思之中
托馬斯·阿奎那說
薛曉源敬寫

奥卡姆的威廉

奥卡姆的威廉（William of Ockham，约1285—1349），14世纪一位具有独创性思维的思想家，英国著名学者。约1285年生于萨里，1349年卒于德国慕尼黑。他曾加入方济各修士会，在牛津大学学习哲学，在大学注册为奥卡姆的威廉。因所持的哲学观点与罗马教廷相左，被列为异端，后逃亡到德国慕尼黑，寻求巴伐利亚的路德维希四世的庇护，据说，奥卡姆自信地对路德维希四世说："你若用剑保护我，我将用笔保护你！"后来，他不幸被肆虐欧洲的黑死病夺去生命。奥卡姆的代表著作是《逻辑大全》，于1326年问世。奥卡姆因才思敏捷被誉为"不可战胜的博士"，因提出的"奥卡姆的剃刀"思想命题被称为醒世的格言而闻名于世。

奥卡姆是一个坚定的唯名论者，他否认信仰与理性之间存在任何联系，他认为上帝是否存在是一个信仰的问题，而不是人类理性所能把握的问题，神学命题超越于人类自然理性之上。

奥卡姆旗帜鲜明地反对唯实论，他反对共相——也就是独立于事物之外事物所拥有的属性——的存在，他认为共相是人们认知的产物，它不存在于心之外，也不存在于事物之中，是人们在认知过程中对多种事物所拥有的共同性质的抽象。他不认为使用"红的"这个词汇就有抽象颜色漂浮在红色物体的周围，也反对谈论发生在时间里的事件就有了一种叫"时间"的东西涵括在这些事件中。他反对阿奎那所代表的唯实论，那种以抽象为实体，使观念实体化，从而人为设置错误与迷茫，使人类的思维陷入没有意义的烦琐与复杂之中的做法。他的论点被后人概括为：如无必要，勿增实体。就是说，对事物理解和认知，要快刀斩乱麻，要用最经济的方式，进行简明扼要的解释和论证。人们把思维过程的简洁明了称作"奥卡姆的剃刀"。这一运思"简约原则"，对英国的经验哲学和相关科学，包括管理科学产生了深远影响，被视作圭臬。挪威哲学史研究者希尔贝克对奥卡姆评价很高："从思想史的角度来说，他是马丁·路德和新教的一个先驱。"

奥卡姆明威廉

奥卡姆·威廉云：切勿浪费
较多东西去做，用较少的东
西同样可以做好的事情。
庚子之夏薛晓源写

库萨的尼古拉

库萨的尼古拉（Nicholas of Cusa，1401—1464），因出生于德国特里尔附近的库萨，故称库萨的尼古拉，是西方中世纪哲学向近代哲学过渡的一位承先启后的重要代表人物。他少年时代被送到荷兰"共同生活兄弟会"办的学校读书，后来在海德堡大学、帕多瓦大学和科隆大学接受教育。成为神职人员之后，先后担任过教皇特使、主教、红衣主教。他还是首批打破了托勒密的地心说观点的人之一，他认为地球绕着太阳旋转。他主张宗教宽容，用自然科学和数学的论证方式调和哲学和宗教的矛盾。他第一个绘制了中欧和东欧地图，还提出了改革历法的方案。他的主要哲学著作是《论有学识的无知》《论隐秘的上帝》《论智慧》等。

库萨的尼古拉是多种思想综合和集大成者，这与他博学多识、涉猎广泛有关。他继承新柏拉图主义以及中世纪神秘主义大师布克哈特和古希腊毕达哥拉斯学派的思想，发挥人文主义精神，概括当时数学和自然科学的成果，提出一种具有独创性和综合性的哲学学说。

杨俊认为，"在神学方面，尼古拉所发扬光大的'否定神学'原则和'隐秘的上帝'的思想也越来越为现代西方神学界所关注，以致于颇负盛名的新教神学家奥特认为，尼古拉是'一个属于世界基督教的人物'，是'基督教历史上最博学的大师之一'，他的否定神学思想在反对基要主义的神人同形同性论方面'对我们大有帮助'"。

库萨的尼古拉的另一个杰出贡献，就是继承和发展中世纪神秘主义大师布克哈特的关于对立统一的内在性的矛盾思想。他第一个明确提出了"对立一致"思想命题，他认为对立的矛盾是可以调和与融合的。他这一思想直接影响了莱布尼茨和黑格尔。

库萨的尼古拉在《论有学识的无知》一书中提出惊世骇俗的思想命题：认识是有学识的无知。所谓有学识的无知，绝不是正统神学家鼓吹的愚昧无知的蒙昧主义，而是指人们通过对知识的探求，而后达到对自己无知的认识。他还强调认识是从相对认识到绝对认识的一个过程。他把认识分为四个阶段：感性认识、理智认识、思辨的理性、直觉的认识。他这些有创意的思想是康德提出认识三阶段说的来源。

卡西尔、雅斯贝尔斯等西方现代哲学的代表人物都对尼古拉哲学做过专门的研究，并给予其以很高的评价。卡西尔认为，在文艺复兴哲学中，只有尼古拉的哲学才是时代

菩薩明征古塔

真正的力量不
在于征服他人
而在於超越
自己．菩薩
的尼古拉如是說
薛晓源寫

精神的聚焦点，是"文艺复兴哲学的起源和楷模"。宇伯威格称尼古拉为"他那个世纪最重要的学者和思想家之一""近代德国第一位伟大的哲学家"，"如果有一个人理应被置于近代哲学的首位，那么，他就是库萨的尼古拉"。德国的尼古拉研究专家霍夫曼认为，尼古拉以他的有学识的无知成为"近代哲学真正的创始人"。

马基雅维利

马基雅维利（Niccolò Machiavelli，1469—1527），意大利政治哲学家和历史学家。

在佛罗伦萨的共和国时期，马基雅维利曾为外交官，直到美第奇家族成功复辟，他被迫退出政治舞台。可共和国外交官的经历和熟读史书的学养，使得他对政治问题有着极为敏锐的把握。政治上的失意反而让他可以专心著述。虽然他留下的文字并不算多，可《君主论》和《论李维》这两部书是革命性的，前一部论述君主制，后一部论述共和制。他一改以往凡论政治都必言道德的做法，用"非道德的眼光"来看待政治生活。他是政治哲学的革命者，是现代政治哲学的奠基性人物。比如，他说，君主必须"狡猾如狐狸，凶猛像狮子"，他教导君主要"狡诈"而"伪善"。如此惊世骇俗的言论，让"马基雅维利主义"成为贬义词，意指不讲道德只讲权术和力量的政治逻辑。其实，马基雅维利并非不讲道德，而是不超越于政治来谈道德。马克思对马基雅维利评价甚高，说他"已经用人的眼光来观察国家了"，"而不是从神学中引出国家的自然规律"。

罗素生韶绎初
戊戌崔晓源寫

培 根

培根（Francis Bacon，1561—1626），英国近代著名哲学家、散文家，实验科学的创始人。

培根的父亲曾任伊丽莎白女王的国玺大臣，而培根在政治上也曾经青云直上，不仅和父亲一样担任过国玺大臣的职位，而且还于1618年做了大法官。但是两年后就被告受贿，丢了官职而且被判监禁。据罗素的说法，那其实是一次党派斗争的结果。早在从政期间，培根就以《随笔集》的作者闻名，丢官之后他更加专注于自然研究。培根的代表作《伟大的复兴》附有标题"论人类的统治"，培根意在开启一个人类借助自然科学统治大地的时代，并且成功了。培根自己在科学上并无多大建树，可这位曾经的大法官意在为科学奠定新的法度。他一方面极力赞颂科学，提出"知识就是力量"；另一方面，着力寻求新的科学方法。《伟大的复兴》的主体是《新工具》，他在其中发展出来的归纳法虽然还很粗略，可确实开了风气之先。哲学家的理想很少实现在这个世界上，培根是个例外。

培根对于人类的未来充满了极大的自信和乐观精神。著名哲学史家梯利在《西方哲学史》中评论道：培根抱持着这样的希望和信念——"具有辉煌成就的时代即将到来，伟大的事物即将出现，摈弃毫无结果的科学之后，大地和社会的面貌就会改变"。

墙根

丁酉薛明亮源寫

霍布斯

霍布斯（Thomas Hobbes，1588—1679），英国政治哲学家。

霍布斯的生活一方面贯穿着动荡的政治生活，另一方面又经历了激动人心的科学革命。他在政治哲学方面继续了马基雅维利的事业，并且完成了第一个完整的现代政治哲学思想体系，他自认为，这个体系如同欧几里得的几何学一样严整，政治科学从他开始。他主张，政治的逻辑起点不是对至善的追求，而是对暴死的恐惧。为此他构想了一种自然状态，他说自然状态虽然自由，却是没有任何安全可言的，自然状态是"一切人反对一切人的战争"。为此，人与人之间需要订立社会契约，转让自然权利，形成一个主权者。他将由此建立的国家称为"利维坦"，这个典故来自《圣经》，意为一种海上的怪物，所以他又补充说："这就是伟大的利维坦的诞生——用更尊敬的方式来说，这就是活的上帝的诞生。"

对于霍布斯的政治哲学，哲学家黑格尔评价说，"霍布斯试图把维系国家统一的力量、国家权力的本性回溯到内在于我们自身的原则"，也就是说，"在人性、人的欲求、嗜好等等的基础上设定了国家的本性和机体"。

霍布斯

自然状态下的人时刻面临着横死的危险，所以才要组成国家，一个国家的首要任务就是为国民提供安全的生存环境。

括之霍布斯语
戊戌 薛晓源敬录

笛卡尔

笛卡尔（René Descartes，1596—1650），法国著名哲学家、物理学家、数学家、神学家。

笛卡尔首先以他的数学坐标系出名，他是解析几何的发明者。可提出解析几何构想的那篇论文其实是他的第一部著作《谈谈方法》的三个附录之一。他的意图不只是在个别科学上的创新，而是整个科学体系的奠基。《谈谈方法》事实上为此而作，他在其中提出了一个著名的命题——"我思故我在"，以此奠定了近代哲学的基础，被称为"近代哲学之父"。而他的一生也是思想的一生："我曾经想到检视一下人们这一辈子从事的各行各业，以便挑选出最好的一行。对于别人的行业我不打算说什么话，我认为我最好还是继续自己所从事的那一行，也就是把我的一生用来培养我的理性，按照我所规定的那种方法尽全力增进我对真理的认识。自从使用这种方法以来，我尝到了极大的快乐，觉得人生在世所能得到的快乐没有比这更美妙、更纯洁的了。我凭着这种方法每天发现若干真理，觉得都相当重要，都是别人所不知道的，因此满心欢喜，别的事情全都不放在心上。"

著名哲学家黑格尔在其《哲学史讲演录》中高度评价笛卡尔。他认为，笛卡尔是"近代哲学真正的创始人"，"是一个彻底从头做起、带头重建哲学的基础的英雄"。他认为，"笛卡尔哲学的精神是认识，是思想，是思维与存在的统一"。

哲人帕卡尔

笛卡尔说：我思故我在。黑格尔证竹道真是沿着笛卡尔我们才踏进一种独立的哲学。……在这里我们可以说到了自己的家园。可以像一个在惊涛骇浪中长期漂泊之后的船夫、高呼陆地、海德格尔认为我思故家在，意宗指掌真实而望圆陆地。丁丑薛晓源

帕斯卡

帕斯卡（Blaise Pascal，1623—1662），法国著名数学家、物理学家、哲学家、散文家。《思想录》是其哲学代表作。

帕斯卡区分几何学精神与敏感性精神。在他看来，笛卡尔开启了用精确而可论证的"几何学精神"来分析自然的道路，却遗忘了敏感性精神。他用敏感性精神去感受那个笛卡尔的世界："人只不过是一根苇草，是自然界最脆弱的东西；但他是一根能思想的苇草。用不着整个宇宙都拿起武器来才能毁灭他；一口气、一滴水就足以致他死命了。然而，纵使宇宙毁灭了他，人却仍然要比致他于死命的东西更高贵得多；因为他知道自己要死亡，以及宇宙对他所具有的优势，而宇宙对此却是一无所知。因而，我们全部的尊严就在于思想。正是由于它而不是由于我们所无法填充的空间和时间，我们才必须提高自己。因此，我们要努力好好地思想；这就是道德的原则。……我占有多少土地都不会有用；由于空间，宇宙便囊括了我并吞没了我，有如一个质点；由于思想，我却囊括了宇宙。"

帕斯卡

人是一根會
思考的芦苇。
戊戌薛晓源写

洛 克

洛克（John Locke，1632—1704），英国著名政治哲学家。

近代哲学区别于古代的主要特征之一是认识论的优先性，即先考察人类认识能力，再去谈哪些形而上学问题是人类可以解决的。而洛克是认识论进路的真正开启者。而他之所以要从认识论出发，其实是因为他关心道德、政治和宗教问题。可他感到，如果没有对于认识能力的考察，在这个领域只有不休的争论。在代表作《人类理解论》中，他对此有着清楚的交代："有一次，有五六位朋友在我屋里聚会，并且谈论与这个题目相距甚远的一个课题，很快，我们发现各方面都面临着困难，因此便都停了下来。在迷惑片刻之后，既然对烦扰我们的问题的解决没有一点进展，我就想到我们选择了一条错误的路，想到在开始考察那类问题之前，我们必须先考察自己的能力，并且看看什么对象是我们的理智所能解决的，什么对象是我们的理智所不能解决的。"

在认识论之外，洛克还是政治上的自由主义的奠基者。著名哲学史家梯利认为："没有一个哲学家比洛克的思想更加深刻地影响了人类的精神和制度。"哲学家罗素甚至不无夸张地说，"罗斯福和丘吉尔是洛克的结果"。洛克的知识论持续影响着贝克莱、休谟和康德等众多哲学家；而他的经验主义心理学、教育理论、道德哲学、政治思想对于后世思想、精神的发展都有着广泛而持续的积极作用。

满意

一件了物如果能使人高兴，则我们在君想自己将来能惬意地享受定时心中便泛起一种快乐，这就是所谓希望。

大哲洛克先生说

丁酉年 薛晓源写

斯宾诺莎

斯宾诺莎（Baruch de Spinoza，1632—1677），荷兰著名哲学家，近代西方哲学公认的三大理性主义者之一，与笛卡尔和莱布尼茨齐名。

斯宾诺莎是荷兰犹太人，可在 24 岁时因异端思想被逐出犹太社团。当海德堡大学向他发来聘书的时候，他拒绝了，理由是："我不知道为了避免动摇公众信仰的宗教的一切嫌疑，那种哲学思考的自由将应当限制在何种范围。"由此可以窥见，斯宾诺莎的思想是何等激进，而他对思想自由又是何等珍视。可他又是一个极淡泊的人，他一辈子以磨镜片为生。他的德行远比大多数持有正统信仰的人更为高尚。他在生前匿名出版的《神学政治论》（1670）中猛烈地攻击了希伯来宗教，而在死后才由友人出版的《伦理学》中，他正面论述了自己对于神和幸福生活的看法。在他看来，"神即自然"，他的立场因此而被称为"泛神论"。

斯宾诺莎
晓源写

莱布尼茨

莱布尼茨（Gottfried Wilhelm Leibniz，1646—1716），德国著名哲学家、数学家。

莱布尼茨和笛卡尔一样是一位卓越的数学家，他是微积分的发明者。为此，他还曾陷入了和牛顿关于微积分发明权的争论。史学家后来证明，他和牛顿各自独立发明了微积分，但后来的微积分用的其实是莱布尼茨的符号体系。莱布尼茨却不只是一位数学家，他同时是一位外交家，一位皇室的顾问和史学家，一位工程师，一位同那个时代主要哲学家进行广泛辩论的大哲学家。他几乎对一切都感兴趣，比如他对中国就抱着浓厚的兴趣，并与身在中国的耶稣会士保持着长期的通信关系，他大概是用平等眼光来看待中国文化的第一位西方思想家。他是二进制的提出者，据说这当中不无《周易》的影响；并且是数理逻辑的先驱。他既是天才，又是百科全书式的学者。对于莱布尼茨我们所知道的还只是冰山一角，他有大量的写作计划都未能完成。他的思想还散落在大量的书信中，这些书信现在是联合国教科文组织认定的非物质文化遗产。他最为著名的理论是"单子论"，而他自己就像是一颗在自身中映象整个世界的单子。

著名哲学史家梯利在《西方哲学史》中认为，"莱布尼兹是试图建立形而上学体系的第一个近代伟大的德国思想家"。他开创了德国的哲学传统。在克里斯钦·沃尔夫等后继者们的持续努力下，莱布尼茨哲学以德语的形式得到系统化的表述，从而成为德国哲学发展的源头。

莫里哀

韓羽源寫

贝 克 莱

贝克莱（George Berkeley，1685—1753），英国著名哲学家，近代经验主义的重要代表之一，主观唯心主义开创者。

贝克莱出生于爱尔兰，二十出头即显哲学才华。他的主要著作《视觉新论》(1709)、《人类知识原理》(1710)、《海拉斯和斐洛诺斯的三篇对话》(1713)都出版于30岁前；后赴美办传教士学校，因资金短缺而失败，返英后任主教。贝克莱一方面是英国经验论发展中的桥梁人物；另一方面，与霍布斯和洛克醉心于科学革命迥然不同，他是一个有神秘主义倾向的基督徒。他所关心的首要问题是否定物质的实存这一在他看来既是无神论又是悖谬的论断。洛克试图澄清现代物理学的认识论前提，因此而陷入经验论与唯物论、表象论与因果论的矛盾；贝克莱则利用洛克的矛盾处反驳唯物论，抵制现代科学的无神论倾向。他发展经验论而提出"存在即感知"的唯心论原则。

貝亭莱 旭源寫

孟德斯鸠

孟德斯鸠（Baron de Montesquieu，1689—1755），法国启蒙运动时期思想家，西方国家学说以及法学理论的奠基人。

孟德斯鸠出身于贵族家庭，从政之路可谓顺风顺水，曾官至波尔多议会议长。可他的研究兴趣究竟超过了参政的热情，他在政治生涯的高峰断然放弃政治生活，周游列国，研究风土人情、政治制度，被选为英国皇家学会的会员、德国柏林科学院的院士，是启蒙运动时期法国最重要的政治哲学家之一。

孟德斯鸠的代表作《论法的精神》是一部极为丰富的作品。他既发展了洛克的分权思想，发展了著名的"三权分立"学说，又提出了系统而别具一格的政体学说。比如，他提出共和制的原则是"品德"，君主制的原则是"荣誉"，而专制政体的原则是"恐怖"，其中他尤为推崇君主制。可他又强调地理环境对政体的影响，甚至国土面积的大小都会对政体产生重要影响：小国适合共和政体，中等国家适合君主制，而大国则几乎只有专制一条路，除非实行联邦制。他的思想自有他那个时代的局限性，可无论是三权分立，还是联邦制，无疑都对美国的建国思想产生了决定性的影响。黑格尔高度赞赏孟德斯鸠的这部作品，认为它以"伟大的见解考察各种法制，认为法制、宗教以及一个国家里面的一切构成了一个整体"。

孟德斯鳩

戊戌 韓曉源寫

伏尔泰

伏尔泰（Voltaire，1694—1778），法国启蒙思想家、文学家、哲学家。

伏尔泰的文笔实在太好，以至于他的笔名"伏尔泰"完全盖过了他的真名，以至于很少有人知道，他原名叫弗朗索瓦-马利·阿鲁埃（François-Marie Arouet）。他因为作文讽刺权贵而遭驱逐，流亡到英国，因此而得以了解牛顿和洛克。回到法国后，他用第一流的文学才能反抗教会和迷信，宣传启蒙思想。1778年，伏尔泰以84岁高龄去世，灵柩后来被巴黎人民永久地摆放在先贤祠中。伏尔泰不是抽象的思想家，而是社会活动家和哲学理念的实践者。终其一生，他致力于捍卫精神自由，其哲学作品具有浓烈的时代气息。

伏尔泰深受牛顿的影响，提出宇宙是一架"绝妙的机器"；他用洛克的经验论来反对笛卡尔的"天赋观念论"。尽管如此，他强调上帝信仰的道德和政治意义，主张即便没有上帝，也得造出一个来。在主要哲学作品之一《哲学辞典》中，他写道，"在道德方面，显而易见，承认有一位上帝比不承认好得多。有一位神明来惩罚人世法律所不能制裁的罪恶倒也的确是有益人群的事"。哲学史家梯利高度称赞《哲学辞典》，认为此书"几乎影响了十八世纪所有的法国文化界的领袖"。

伏尔泰
丁酉薛晓源写

休 谟

休谟（David Hume，1711—1776），当谢林在《近代哲学史》中提到休谟时，他称之为"著名的英国哲学家和历史学家"。事实上，当休谟还在世的时候，他作为史学家的名气甚至大过作为哲学家的名气，至少，他的《英国史》远比《人性论》更为成功。用他自己的说法，《人性论》是"从印刷机死产下来"的。但这部28岁时出版的处女作实为休谟的代表作，他后来的哲学著作，如《人类理智研究》《道德原则研究》等都是对《人性论》相关部分的改写。康德说，休谟把他从独断论的迷梦中惊醒。他所读的正是更为清晰简洁的《人类理智研究》，而非《人性论》。

休谟承袭了经验主义的衣钵，认为一切观念均来自经验。通过感觉的外部观察和心灵的内省，人心得到了思维的一切材料，思维也就受到这些材料来源的限制。无论是自然科学，还是法律、伦理或宗教的信条，都是由观念所构成的，因此，如果其中所包含的观念不能追溯到这些材料的源头，那么这些信条就要受到质疑。休谟之有功于哲学史，首先是因为他将英国经验论彻底化而成怀疑论立场，尤其是他对因果关系的怀疑触动了康德发展自己的批判哲学。可事实上，休谟的功劳绝不止于此，后世逻辑实证主义以及现象学家胡塞尔都追认休谟为自己的先驱。

休谟

任何事物本身都既然不高尚也不卑贱,既不可爱也不可憎,既不美也不丑,事物这些特征来自人类情感而特性与构造。大卫·休谟如是说 丁酉薛晓源

卢 梭

卢梭（Jean-Jacques Rousseau，1712—1778），法国伟大的启蒙思想家、哲学家、博物学家、教育学家，启蒙运动最卓越的代表人物之一。

卢梭的一生充满传奇色彩。他出身于日内瓦的一个钟表匠家庭，12岁就开始流浪，一辈子没有受过高等教育，却自学成为欧洲的一流思想家和最受欢迎的作家。他自己是成功的剧作家，甚至还创作过歌剧并且上演后受到国王嘉奖，可他在成名作《论科学与艺术的复兴是否有助于使风俗日趋纯朴》（1750）中却主张科学和艺术的普及有害于风俗人心。他写的《爱弥儿》是最为著名的教育学经典，可他却没有教育过自己的孩子，他把五个孩子全都送进了孤儿院。卢梭之为伟大的思想家，却是无可置疑的。他在理性高奏凯歌的时代，发出了振聋发聩的声音："随着我们的科学和艺术的日趋完美，我们的心灵便日益腐败。"他对自然状态的描绘同时也是一种辛辣的文明批判："野蛮人和文明人在心灵深处和天性的倾向方面是如此的不同，以致在野蛮人看来是极幸福的状态，在文明人看来却苦不堪言。野蛮人向往宁静和自由，一心只想悠悠闲闲地生活；……与野蛮人相反，文明社会里的人成天忙个不停，汗流浃背；为了寻找更辛苦的工作而终日忧心忡忡，自己折磨自己，为了生活而不停地奔波，……以能当奴隶为骄傲……"

卢梭

唯独在這些孤独和沉思默想的時刻，我才是真正而天性相符，我才既無牽絆又無羈束。法國大捂亚克·卢梭先生如是說。丁酉年澄明齋主薛晓源寫

狄德罗

狄德罗（Denis Diderot，1713—1784），出生于郎格勒，法国启蒙思想家、作家、哲学家。

提起法国启蒙运动，就不能不想起那套《百科全书》；提起那套开风气之先的《百科全书》，就不能不想起那群在贵妇人的沙龙上机智言谈、热烈辩论的百科全书派思想家；而提起百科全书派，就不得不想起狄德罗。狄德罗是百科全书派的灵魂人物，主编《百科全书》27年，以惊人的毅力和智慧完成了共计35卷的鸿篇巨制。

狄德罗在哲学上持有唯物论立场，可他心目中的物质是有复杂性的。自然界是一个不断发展的过程，无机界与有机界也是相互联系的，无机界可以过渡到有机界，具有"迟钝感受性"的东西可以过渡到具有"活跃感受性"的东西。他说："自然界的一切事物决不可能是一种完全同质的物质产生出来的，正如决不可能单单用一种同样的颜色表现出一切事物一样。"哲学史家全增嘏先生认为："狄德罗以特有的形式论述了思维、意识是物质世界长期发展的产物，是人脑这种特殊物质的机能，说明了思维、意识是由物质所派生的。"

狄德罗关于人的看法也颇有意思，"我们就是赋有感受性和记忆的乐器。我们的感官就是键盘，我们周围的自然弹它，它自己也常常弹自己"。他还顺带着嘲讽唯心论者贝克莱，说他是"一架发疯的钢琴"。不难想象，有着生花妙笔的狄德罗，同时是一位出色的作家和艺术评论家。

怀疑论是走向真理的第一步。它应该是一般的,因为它是真理的试金石。

狄得罗

打录狄德罗
警言名句

爱尔维修

爱尔维修（Claude Adrien Helvétius，1715—1771），法国启蒙思想家、唯物主义哲学家。他出身于上层社会，与伏尔泰、狄德罗都是巴黎的大路易学校的毕业生。曾任政府总包税官的职务，后辞职专事著述。1758年出版的《论精神》一书被巴黎法院查禁。他晚年写作的《论人》在去世后才在荷兰的海牙出版。

爱尔维修的唯物主义的核心关切是人，而非自然世界。他的唯物主义立场主要体现在对人与社会关系的判断上，特别是他把"利益"概念引入哲学，从人的自爱原则出发解释人的行为和动机；他宣布人是社会环境的产物，是后天教育的结果。这些思想是法国大革命、19世纪孔德的实证主义社会学、空想社会主义以及马克思主义的重要思想资源。

对于人，爱尔维修秉持一种自然主义立场。他不但像洛克那样拒斥天赋观念，而且更加彻底地拒斥天赋能力：每个正常人都有着同等的禀赋和才能。这便是他的彻底的环境主义心理学。同样地，他将人的幸福归约为人的感受性。个人的行为总是由快乐原则或自我利益所决定的，人们自动追求多种快乐、回避痛苦，而趋乐避苦的中心都是个人感受。爱尔维修深刻地看到，个人的感受性并不是孤立地、封闭地发生的，而是与法律和教育相联系的。他进而认为，人的精神可以寻根溯源至社会制度。人是教育的产物，也就是社会环境的产物。人的精神的进步永远来自社会环境和教育的改革。

作一個正直的人，就必須把靈魂的高尚與精神的明智結合起來。擁有愛，思維俏如是說

戊戌 薛曉源

康 德

康德（Immanuel Kant，1724—1804），德国著名哲学家，德国古典哲学创始人，其学说深深影响了近代西方哲学，并开启了康德主义等诸多哲学流派。日本学者安倍能成对于康德的评价广为流传：在西方哲学史上，康德哲学是一个蓄水池，一切之前的哲学注入它，一切之后的哲学从它流出。

枯燥的文风和刻板的生活给康德带来的名声，估计不下于令人心生敬畏的"三大批判"。在《论德国宗教和哲学的历史》中，诗人海涅曾说："康德的生活史是难于叙述的。因为他既没有生活，又没有历史。"可事实上，康德既有生活，也有历史。他年轻时是"一个爱真理也爱社交的谈吐机智的人"，这一点在他老年时才出版的《实用人类学》讲义中依然清晰可辨，在那里，他对女人、爱情、婚姻和宴饮都发表了机智而风趣的评论。他曾经热衷于社交生活，只是在40岁左右因朋友突然离世而触发了一次深刻的心灵危机，然后发生了脱胎换骨的转变，这一次转变才带来了历史上的康德：一面是刻板节制的生活，一面是巍峨崇高的"三大批判"。可以说，没有这一次转变就既不会有前者，也不会有后者了。不过，即便老康德的文字也不是一味枯燥，"头上的星空和心中的道德法则"永远都有震撼人心的力量，胜过一切表面的修辞。

康德像 位我之上燦爛星空道德律令在我心中

癸卯盛夏薛曉源敬寫

赫尔德

赫尔德（Johann Gottfried Herder，1744—1803），德国哲学家、诗人。其作品《论语言的起源》成为狂飙突进运动的理论基础。

赫尔德是康德的学生，也是康德的批判者，因为他在哲学上走了一条完全不同的道路。事实上，他不仅批判自己的老师康德，而且批判自己时代流行西欧的整个启蒙运动。他还有另一位老师神学家哈曼，哈曼与康德都住在柯尼斯堡，两人有过深交，最终因立场不同而分道扬镳。赫尔德继承的实际上更多的是哈曼的衣钵。启蒙强调形式和理性，赫尔德却反其道而行之，强调历史和生机。在写于1787年的论文《爱与自爱》中，赫尔德说，他相信"生命真实的尺度和脉搏"，这就是"欲望、爱以及所有一切渴望的快乐，有节制、有平衡。这里我必须提到自然智慧之大美。它区分万物，轻轻摇动它们，让它们进入这种一张一弛的节奏，根据性别的区分，时刻的变化，场景的流转，生命的周期，境域的不同，如此等等，有的施与，有的接受"。

对于他的历史地位，思想史家以赛亚·伯林有过精彩的总结："赫尔德的声誉建立在这样一个事实之上：他是民族主义、历史主义和民族精神这些相互关联的思想之父，是对古典主义、理性主义以及对科学方法万能的信仰进行浪漫反抗的领袖之一，一句话，他是法国启蒙哲学家及其德国门徒的对手当中最令人生畏的人。"

咬字清晰而語言
之興起是出於自然
而非起自然洞力量。
約翰·赫尔德称
如此說
龙武之夏 薛晓源

费希特

费希特（Johann Gottlieb Fichte，1762—1814），德国哲学家、作家，德国古典哲学的主要代表人物之一。

费希特出身于一个乡村手工业者家庭，因为一个偶然机缘被发现悟性极高、记忆力极好，获得资助，才得以接受教育，后来曾在耶拿大学和莱比锡大学学习神学。有大学生招聘家教，导读《纯粹理性批判》——当时能读懂这部书的只有寥寥几个人，费希特之前并未读过这部书，他为了谋生而接了这项任务。结果康德的著作给他带来巨大的震撼，这一个偶然事件成了他进入哲学世界的契机。但他并没有止步于康德，而是试图以"批判哲学"的精神去推进康德的事业，发展出自己的"知识学"理念。黑格尔曾称赞费希特哲学是"康德哲学的完成"。费希特哲学的核心概念是自由。他认为，"意志或自我不是事物中的一种，不单纯是因果链条中的一个环节，而是自我决定的活动。只有这活动是真正实在的，其余的一切都是死寂的被动的存在"。自我及其自由行动也就构成费希特知识学的出发点。

费希特的思想体系极为晦涩难懂，可他的思想其实充满了革命的激情。他曾说："我的体系是第一个自由的体系；正如法兰西民族使人摆脱了外部的枷锁一样，我的体系使人摆脱了自在之物、外部影响的枷锁，在自己的第一原理中把人视为独立不倚的存在者。"对于费希特及其哲学，梯利评价说："在颂扬自由人格和人权的同时，他也颂扬文明和进步，并要求改造科学、哲学、宗教、教育和总体的人类生活，费希特完全表达了整个的现代精神。"

費希特

丁酉薛曉源敬寫

威廉·冯·洪堡

威廉·冯·洪堡（Wilhelm von Humboldt，1767—1835），是柏林大学的创始者，也是著名的教育改革家、比较语言学家。

德国思想史上有个有趣的兄弟现象，比如格林兄弟、施莱格尔兄弟，当然还有洪堡兄弟，都是非常重要的人物。哥哥威廉·冯·洪堡既是一位语言学家，一位政治哲学家，也是一位教育哲学家。他的贡献，一方面是在他自己的研究领域，在语言学和政治哲学方面；另一方面，是他在担任普鲁士教育大臣时创立的柏林大学。他不只创立了一所大学，而且还传达了一种大学教育理念，他的理念成为后世德国大学的基本理念。他主张"全面教育"或"完人教育"，认为教育的目的在于培养全面发展的人，而非只是工具性的专家。他强调学术自由，提出"教的自由"和"学的自由"是大学的灵魂。因此，他还主张"教授治校"，认为大学必须是自主的，以科研为主，用科研来促进教育。洪堡的大学理念看似太过理想而不切实际，可德国的学术研究和综合国力在后来的崛起与洪堡的理念有着不可忽视的联系。

威廉瀚保士

丁酉八声韩旭源

施莱尔马赫

施莱尔马赫（Friedrich Daniel Ernst Schleiermacher，1768—1834），德国哲学家、古典语文学家、新教神学家，出生于布雷斯劳。他曾在哈勒大学学习，其间受康德哲学的深刻影响；施莱格尔兄弟出版早期浪漫派刊物《雅典娜神殿》，施莱尔马赫踊跃参与其中，深受德国浪漫主义的影响。后来，施莱尔马赫成为牧师，一生著述丰富。先后出版《宗教讲演录》《1809—1810年诠释学手稿》和《1819年诠释学讲演纲要》等。与施莱格尔共同翻译《柏拉图全集》，施莱格尔因故退出，施莱尔马赫费尽心力独立完成从希腊文翻成德文的壮举，并对柏拉图著作进行了详细考证研究，把其对话分为基础性对话、间接对话和描述性对话。他的翻译和研究准确严谨，成为西方柏拉图研究史上至今不可超越的典范。施莱尔马赫成为西方古典语文学研究一位枢纽性的人物。

施莱尔马赫对解释学的贡献有赖于两个人物推广与传播。一是德国哲学家狄尔泰，其所著述的《施莱尔马赫传》影响深远，重新唤起了人们对施莱尔马赫的解释学思想的关注。二是当代诠释学大师伽达默尔的学生基默尔，他于1959年整理并出版了施莱尔马赫解释学著作考证版，施莱尔马赫作为"解释学之父"被学界重新发现。

施莱尔马赫不仅在西方古典语文学研究上是一位枢纽性的人物，在哲学解释学上同样也是一位枢纽性的人物。他的研究继承了阿斯特和沃尔夫的研究成果，他提出了努力建构一门适于一切文本解释的普遍解释学，从而开启了狄尔泰、胡塞尔、海德格尔、伽达默尔的现代解释学的先河，在哲学解释学上他也是一位承前启后的人物。

施莱尔马赫认为：哪里有误解，哪里就有解释学。他把解释学定义为一门"避免误解的技艺学"。他认为："解释的首要任务不是按照现代思想去理解古代文本，而是要重新认识作者和他的听众之间的原始关系。"在这种重构式的解释中，他提出并完善了语法的解释和心理学的解释，他提出最为响亮的解释学口号：我们可能比作者理解他自己还更好地理解作者的思想。从而，他想把解释学发展成为一门科学，一门人人可习得的艺术。

施莱尔马赫
云：
宗教体现的是
神人关系，
而道德体现
人人关系。

戊戌 薛晓源

黑格尔

黑格尔（Georg Wilhelm Friedrich Hegel，1770—1831），德国著名哲学家，德国古典哲学的集大成者。

黑格尔在图宾根神学院读书的时候，同荷尔德林、谢林是一个宿舍的同学。与这两位早年即声名远扬的室友相比，黑格尔是十分晚熟的了。可他后来构建了西方哲学史上最庞大也最为严整的思想体系，他在担任柏林大学的哲学教授之后，通过自己的著作和讲学产生了巨大的影响，光辉完全盖过了已经发疯的诗人荷尔德林和已经趋向神秘主义的神童哲学家谢林。

黑格尔哲学的精神内核在于，主张实在是处于发展变化中的活生生的历程，并且，这一实在的历程是与逻辑和理性相一致的，因为，只有所谓的"绝对精神"才是实在的。反过来，绝对精神的发展也是合乎理性的。"发展着的绝对活动所趋向的目的是自我意识；在其最高发展中，即在真和善的实现中，在那认识宇宙的意义和目的、并视自己和宇宙目的为同一的精神的实现中，含有全部历程的意义。"

马克思对黑格尔给予高度评价，"正当我写《资本论》第一卷时，今天在德国知识界发号施令的、愤懑的、自负的、平庸的模仿者们，却已高兴地像莱辛时代大胆的莫泽斯·门德尔松对待斯宾诺莎那样对待黑格尔，即把他当做一条'死狗'了。因此，我公开承认我是这位大思想家的学生"。

黑格尔

一個民族有一群仰望星空的人,他們才有希望。大哲黑格爾如是云說
庚子薛曉源敬寫

谢 林

谢林（Friedrich Wilhelm Joseph Schelling，1775—1854），德国古典哲学家、神学家。

"小时了了，大未必佳"，神童日后其实少有大成。谢林却是个例外。他是一个很早就有大成就的神童，而且还是一个长寿的神童。他是德国古典哲学中最早熟的天才，也是最晚落幕的星辰。不过，他也没能完全摆脱神童的诅咒，他的主要著作几乎都发表在30岁之前。34岁这一年他发表了著名的《论人类自由的本质》，这可能是他最重要的著作，可这之后，他几乎没有再发表过什么震撼世界的作品，他的锋芒被虽年长却后起的同学和好友黑格尔完全盖过了。黑格尔逝世后，谢林接替了他在柏林的讲席，海涅、恩格斯和克尔凯郭尔都赶去听了他的课，却都感到失望。究其原因，主要是因为晚期谢林的思想有着神秘主义倾向，极为难解。他留下了大量讲义，这些讲义主要围绕着他所谓的神话哲学和启示哲学。从日后的眼光来看，老年谢林很可能已经拉开了后世哲学的序幕。

谢林的哲学受到费希特、斯宾诺莎、雅各布·波墨和浪漫主义哲学的深刻影响，展示出了唯心主义的浓烈色彩。他将绝对定义为有限与无限、精神与自然的统一或同一，并且认为只有通过直观才能获得关于绝对的知识，这种知识是人类的理想。而这种直观或是思想家的自我意识、意志的自由行动，或是艺术创造，又或是宗教情感。

翰林

丁酉薛晓源敬写

叔本华

叔本华（Arthur Schopenhauer，1788—1860），德国著名哲学家，唯意志论的创始人和主要代表之一。

叔本华是一个富商之子，父亲的愿望是让他子承父业，因此他从小并未接受古典语言教育，而是学习了英语和法语这样实用的现代语言。但在父亲早逝之后，叔本华很快弃商从学，开始学医，后来完全转向哲学。叔本华虽然起步很晚，却成熟得很早，他在30岁时就已经完成了毕生的代表作《作为意志和表象的世界》，并由此获得柏林大学的任教资格。他也因此很自负地要和当时最著名的哲学家黑格尔较量一番，故意将自己的课安排在黑格尔授课的同一时间段，结果他的课最终因为没有听众而被迫提前停课。

事实上，叔本华的自负并非没有道理，待时代的风气从乐观和理性转向悲观和非理性，叔本华就开始声名鹊起了，只是这时他的人生岁月却已日近黄昏。但哲学的意义是永恒的，他的意志哲学强调单一又丰富，盲目而又无法遏制，充满向上冲动，也充满创造性和悲剧性的意志，以意志作为本体来取代康德哲学中的自在之物，开启了现代哲学的转折；而他的悲观主义哲学也为世界哲学史添加了一道独特的色彩："人生是在痛苦和无聊之间像钟摆一样的来回摆动着；事实上痛苦和无聊两者也就是人生的两种最后成分。"

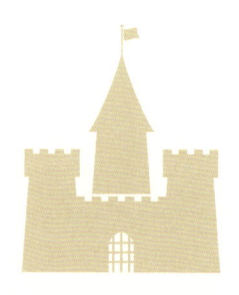

所有的真理都要经历三个所段：先是嘲笑，然后是激烈的反对，最后是理所当然地接受。大哲叔本华如是说
丁酉辞晓源写

托马斯·卡莱尔

托马斯·卡莱尔（Thomas Carlyle，1795—1881），英国哲学家、讽刺作家、历史学家。从小喜爱读书，曾就读于爱丁堡大学。他博览群书，酷爱德国文学、哲学和历史，尤其喜爱歌德，翻译了其小说《威廉·迈斯特的学习时代》。一生勤于著述，以写作和演讲为生，晚年曾担任过爱丁堡大学的校长。崇拜名人和英雄是他毕生的追求和心结。他被看作那个时代最重要的社会评论员，一生中发表了许多脍炙人口的重要演讲，影响深远。主要著作有《法国革命》《论英雄、英雄崇拜和历史上的英雄事迹》《普鲁士腓特烈大帝史》。

卡莱尔是一个社会批评家和评论家，敢于针砭时弊，针对英国社会存在的贫困和不平等现象进行有力抨击和批评。他出版的著作《过去和现在》产生了很大的影响，引起马克思、恩格斯的极大的关注，恩格斯于1844年撰写文章《英国状况——评托马斯·卡莱尔的〈过去和现在〉》。虽然恩格斯与卡莱尔对不平等的解决方式截然不同，但是他们关注问题的焦点与出发点以及关注的对象却有惊人的相似性，我们不能不说卡莱尔的社会批判有睿智的前瞻性。

卡莱尔提倡英雄崇拜说，主要观点体现在1841年出版的演讲集《论英雄、英雄崇拜和历史上的英雄事迹》里。他把英雄分为六种形态——神灵英雄、先知英雄、诗人英雄、教士英雄、文人英雄和君王英雄，分别讲述北欧神话英雄、宗教先知英雄穆罕默德、诗人但丁和莎士比亚、宗教改革领袖路德、文人约翰逊以及卢梭和彭斯、君王英雄克伦威尔和拿破仑。通过宣传和展示这些英雄的丰功伟绩以及道德范例，他为英雄命名：诚实与真实。他认为，英雄的推动历史的事迹是真实可靠的，因而人类的活动是英雄的历史，也是芸芸众生崇拜英雄的历史，因此，世界历史就是英雄崇拜的历史。卡莱尔认为："伟人是自身有生命力的光源，我们能挨近他便是幸福和快乐。这光源灿烂夺目，照亮了黑暗的世界。他不是一支被点燃的蜡烛，而是上天恩赐我们的天然阳光。……沐浴在这光辉中，所有灵魂都会感到畅快。"

在马克思主义唯物史观诞生之前，卡莱尔的英雄崇拜的历史观产生了深远的影响，德国哲学家尼采及其追随者就非常推崇卡莱尔的学说，生命哲学和创造论也深受影响。但是其理论与学说的神秘性和宗教色彩，其理论建构的非系统性和碎片化现象一直被人们质疑和诟病，可以说他是一个有争议的哲学家。

全人类对英雄的
崇拜,昨天有,
今天有,将来也
一定有。
托马斯·卡莱尔
如是说
戊戌 薛也源

费尔巴哈

费尔巴哈（Ludwig Andreas Feuerbach，1804—1872），德国著名哲学家，旧唯物主义的代表性人物。出生于兰茨胡特，父亲是著名的法学家。青年时代对黑格尔的哲学推崇不已，到柏林跟随黑格尔学习哲学，随后他成为"青年黑格尔学派"的成员。1828年，他用黑格尔的理论写就的论文使他获得哲学博士学位，之后在一所大学任讲师。因匿名出版了第一部著作《论死与不朽》，被永远驱逐出大学讲坛。后专心写作，远离了革命的中心，寄居乡村终了一生。

费尔巴哈的代表作是《基督教的本质》。此书的出版标志着由康德所开启的德国古典哲学时期的结束。费尔巴哈的学术生涯，他最初对黑格尔哲学事业的深度投入和后来努力与之保持距离，以及他试图开创一种新的、感性的"未来哲学"，都与古典时期德国的政治和思想发展密切相关。他的思想对马克思影响深远，马克思撰写《关于费尔巴哈的提纲》，对其思想进行了批判性扬弃，他也因此载入了史册。

费尔巴哈否定黑格尔的思想和观念是第一性的观点，他认为我们的知识源于经验和科学。上帝是人类本质的对象化，是人类无法企及的至高无上的类特征，人们把美好的希望投射给上帝，因此上帝是"人的灵魂深处的一声不可言喻的叹息"。他批判宗教的虚幻性和欺骗性，要人们从宗教幻想中走出来，倡导"让政治作为我们的宗教"。

弗贝尔巴哈

丁酉 薛晓源

克尔凯郭尔

克尔凯郭尔（Søren Kierkegaard，1813—1855），丹麦哲学家、宗教思想家和作家，被视为存在主义哲学之父。母亲和五位兄长的过早离世，使他性格孤僻内向，从小郁郁寡欢。在献身哲学与宗教之前，他曾有过短暂的婚约，但为了写作他取消了婚约，终身痛苦不已，英年早逝。曾就读于哥本哈根大学，后游学德国学习当时盛行的黑格尔观念论，但厌恶其理论的烦琐和空泛。继承巨额遗产后，隐居哥本哈根，从事著述。他的代表作品有《非此即彼》《恐惧与战栗》《人生道路的诸阶段》等。

克尔凯郭尔认为哲学研究的对象，不是不着边际的抽象观念，也不单是客观存在，而是应该从个人的"存在"出发，研究每一个孤独的个体，研究他们的痛苦、烦闷、恐惧、害怕与绝望。哲学的基本要义是每个人选择自己的生活道路。基督教作为一种可能的选择，只能被看作一种充满激情的选择，这种选择与教派和仪式无关。他认为人生的道路经历美学的、伦理的和宗教的三个阶段，这三个阶段彼此间相互关联，无法清楚分开。

克尔凯郭尔反对构建哲学体系，在方法上更多地借鉴古人，尤其是推崇他的偶像苏格拉底，当然，他的作品创造性地借鉴了《圣经》和其他基督教文献。克尔凯郭尔的思想不仅仅影响了现象学和存在主义传统的思想家（包括海德格尔、萨特、雅斯贝尔斯、马塞尔和列维纳斯），也影响了存在主义传统之外的哲学家，如维特根斯坦等。除了对哲学家和神学家产生影响外，他还影响了许多小说家和诗人，包括易卜生、卡夫卡、米格尔·德·乌纳穆诺、奥古斯特·斯特林堡、W. H. 奥登等。

丹麥 齊克爾

一個偉大的思想家此須同時是一個偉大的心懷疑論者 克爾凱郭爾如是說

甲辰薛民畔源寫

马克思

马克思（Karl Marx，1818—1883），德国伟大的思想家、政治家、哲学家、经济学家、革命家和社会学家。他出身于德国西南部的古城特里尔一个律师家庭。先是进入波恩大学，后转学到柏林大学学习法律，后获得耶拿大学哲学博士。毕业后担任《莱茵报》主编。因撰文同情劳苦大众，遭受迫害，先后流亡法国、英国。马克思一生从事领导国际无产阶级运动和理论创作，勤于著述，著作等身。主要著作有《资本论》《共产党宣言》等。马克思影响世界的版图，是任何一个思想家都不可比拟的，他被誉为"千年思想家"。

恩格斯说马克思一生最伟大的贡献就是发现剩余价值理论和创立唯物史观。剩余价值理论深刻揭露资本家剥削工人的秘密。资本主义的生产方式生产了它的掘墓人——无产阶级。无产阶级的历史使命就是消灭私有制，完成生产资料社会化的革命。马克思在《资本论》中创造了一个崭新的思想体系，其研究世界的方法源于德国古典哲学、法国空想社会主义理论和英国政治经济学，他从学理上揭示了资本主义社会发展的规律，即资本主义必然灭亡，社会主义必然胜利的客观规律。马克思创立历史唯物主义是其另一个重大贡献，列宁评价历史唯物主义为"科学的社会学""唯一科学的历史观"，认为"社会科学的唯一科学的方法，即唯物主义的方法"。马克思最大的愿望是，社会发展以满足每个人全面而自由的发展为目标。

马克思 丁酉薛晓源敬写

斯宾塞

斯宾塞（Herbert Spencer，1820—1903），英国哲学家、社会学家。出身于教育世家，从小被鼓励去学习，自学成才。曾做一家期刊的副编辑多年，后离职专心致志投入专业写作，终身未婚，靠写作维持生活并拥有广泛的读者。经赫胥黎引见，结识了达尔文等知名科学家，进入上层学术圈子。他的著作涉及了政治学、哲学、宗教学、修辞学、社会学、生物学和心理学等众多学术领域并贡献斐然，从而享誉世界。但是使他久负盛名的还是"社会达尔文主义之父"，他把进化理论"适者生存"原理应用在社会学尤其是教育及阶级斗争上。代表著作是《社会静力学》《心理学原理》等。

斯宾塞关于物种进化的观点发表在达尔文和华莱士之前，不过他那时认为进化是由有机体生理各部分执行职能变化传给后代而获得性遗传引起的。达尔文把进化归因于自然选择，斯宾塞认为："只靠自然选择不能解释物种起源，达尔文夸大了这种间接的演化方式的影响。"他吸取了达尔文的成果，把自然选择理论作为生物进化的原因之一，并发明出"自然选择，适者生存"这一名言。"不可知论"（agnosticism）这个词也是他发明的。斯宾塞认为他自己的哲学是综合的大全哲学，通过建立一个完全统一的思想体系就足以将各门具体科学的普遍真理整合成为一个统一的体系。因此，斯宾塞在知识论、本体论、物理学、生物学、社会学、政治学等领域均有论著。

斯宾塞说：社会的进化过程同生物进化过程一样，也是优胜劣败，适者适用之，四海而皆准。戊戌之年译此源书寄并解读之。

狄尔泰

狄尔泰（Wilhelm Dilthey，1833—1911），德国哲学家、历史学家、心理学家、社会学家。出生于比布里希。1866年至1882年，先后在瑞士巴塞尔大学，德国基尔大学、布雷斯劳大学和柏林大学任教。他是柏林普鲁士皇家科学院院士，德国"生命哲学"的始创者。狄尔泰在哲学认识论和方法论上进行大胆变革，深刻影响了西方哲学的发展进程。他对于哲学既是理论的，也是实践的，哲学必须与人文社会科学相结合的主张，依然具有强烈的现实意义。

狄尔泰生活在一个实证主义和科学主义大行其道的时代。自然科学以数量化的精确性和实际效应的明确性见长，而哲学和人文学科则不同。如此一来，哲学和人文学科的可靠性和存在价值受到普遍的质疑和批判。狄尔泰试图建立一个不同于笛卡尔哲学和康德哲学的新框架。这个新框架为理解人类知识，特别是人文学科，提供了新的基础和根据。狄尔泰将他的项目称为"历史理性批判"。他采用了施莱尔马赫的诠释学，并将其发展为一种"生命"类型学，试图建构一个具有庞大体系的精神科学，它包括文学、宗教学、心理学、历史学、政治学和法学等各门学科。狄尔泰认为，个人的"生活经验"必然与其社会历史背景联系在一起，而意义则产生于各种关系的纽带之中。狄尔泰的逝世使他未能完成这一计划。然而，狄尔泰对于人类精神的分析影响了晚期的胡塞尔，而他的诠释学则对海德格尔和伽达默尔产生了明显的影响。

狄爾泰

丁酉 薛曉源 寫

海克尔

海克尔（Ernst Haeckel，1834—1919），德国博物学家、生物学家、哲学家、艺术家，同时也是医生、教授。海克尔是"生态学"术语创造者、生态学创始人，世界著名的进化论者和进化论传播者。马克思、恩格斯和列宁多次引用海克尔的研究成果。

海克尔放弃医学，研究放射虫，并发现了4000多个新品种，最终于1862年出版了著名的《放射虫目》专著。他在《放射虫目》中高度评价了达尔文的进化理论，称之为将有机界统一到一种科学的自然法则，取代了神秘的创世说，打破了创世说中物种之间的界限。海克尔还是一个美学家和艺术家。他为自己三卷本的专著《水母》绘制了140幅形状和色泽都非常美丽的水母图画；他还出版了脍炙人口的《自然的艺术形态》画册，撰写导言并绘制了100幅美不胜收的图片。海克尔的生物画作所体现的自然之美和进化之美，对20世纪的新艺术运动产生了巨大的影响，给当今的艺术家、建筑师和设计师带来无穷的创作灵感。

理智是人的最高天赋，是人本质上区别于低级动物的特征。生态一词创始人德国生态学家海克尔如是说

丁酉 薛明鑫

詹姆斯

詹姆斯（William James，1842—1910），美国心理学家和哲学家，美国机能主义心理学和实用主义哲学的先驱，美国心理学之父，美国心理学会的创始人之一。1875年，建立美国第一个心理学实验室。先后当选为美国心理学会主席、美国国家科学院院士。詹姆斯的主要著作有《心理学原理》《实用主义》《彻底的经验主义》等。

詹姆斯出身于美国纽约一个有科学精神的牧师家庭，后获哈佛大学医学博士学位。他认识了皮尔士并接受其影响，后一起建立了实用主义。他没有寻找独立于人类而存在的永恒的外在真理，他宣称真理是有用的，认为认识论的核心是人类的需要，而不是外部实在。詹姆斯的心理学受达尔文进化论的影响，并贯穿着实用主义的思想。他认为，意识是为了一种用途而演化出来的；意识的功用在于引导有机体达到生存的目的。他首倡意识流（stream of consciousness）理论。他认为意识不是静止的，而是连续不断地流动的，他称此种心理现象为意识流。胡塞尔的现象学深受其理论的影响。哲学史家梯利盛赞詹姆斯的《心理学原理》，认为它是一本"伟大著作"，并说它"不仅仅是在狭义的科学意义上对于心理学的论述，同时也对有关心灵之本性和功能的更为宽泛的哲学问题有着重要的贡献"。

威廉詹姆斯

曰：我們每個人在內心深處都覺得，對於生命將一種無撓無慮和潑治態度將抵償他自己兩一切缺點。

丁酉薛曉源寫

尼 采

尼采（Friedrich Wilhelm Nietzsche，1844—1900），德国著名哲学家、语言学家、诗人、思想家，西方现代哲学的开创者。

尼采深受叔本华影响，可他的哲学基调恰恰是最反叔本华的。他的"悲剧精神"是对叔本华式"悲观主义"的超越。不过，尼采的意义绝不止于此。他的哲学是对之前全部西方哲学史的革命，也是后世哲学的序曲。这位专业的古典学家被20世纪的时髦思想家们追认为"后现代主义的祖师爷"。梯利称赞尼采哲学的旺盛生命力，他说："性情和兴趣大相径庭的人都从尼采的作品中得到了启示，尼采的哲学在19世纪90年代开始变得'时髦'，可以毫不夸张地说，此后它将永远'时髦'下去。"

尼采之所以产生这么重大的影响，和他的文字不无关系。他的每一行字，不仅是思想，而且是激情。不过，这种激情激发了思想后辈，也激发了纳粹青年。因此，尼采的名字长期和"反动""危险""纳粹"联系在一起。尼采确实是"危险的"，可这种危险首先是思想上的激发力。他与纳粹不但无关，而且他甚至在纳粹兴起之前就已经在反纳粹了。他不但藐视妹妹的反犹主义，而且抨击任何形式的民族主义。他的超人正是要超越这种人性的、太人性的政治狂热。

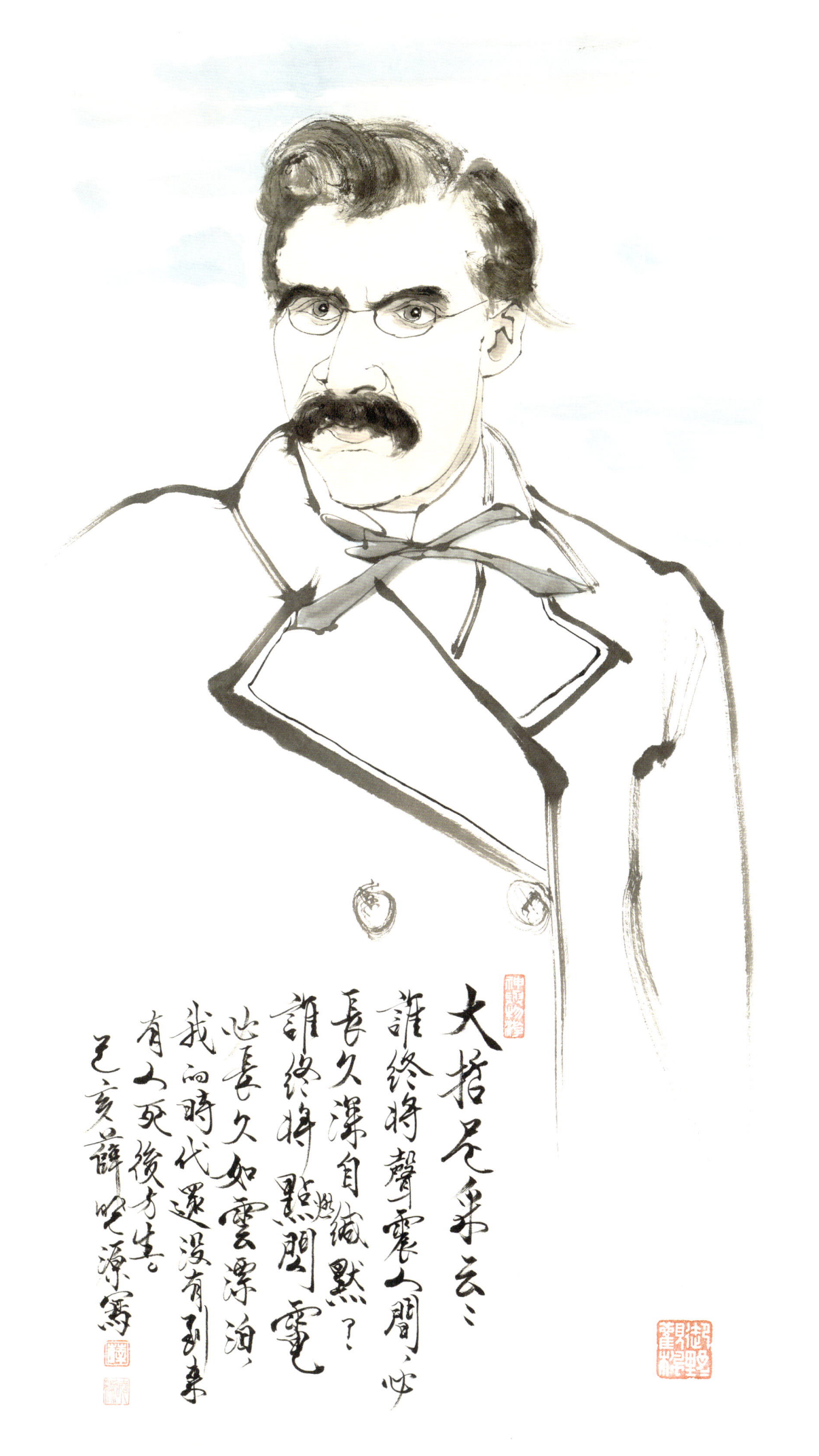

大哲尼采云：
誰終將聲震人間，必
長久漠自緘默？
誰終將點閃電
必長久如雲漂泊、
我同時代還沒有到來
有人死後方生。

己亥薛曉源寫

索洛维约夫

索洛维约夫（Vladimir Solovyov，1853—1900），俄国著名的宗教哲学家、诗人、政论作家，现代意义上俄罗斯哲学和东正教神学的奠基人。出身于知识分子家庭，父亲是杰出的历史学家。他熟悉世界哲学思想和文化，又保有和继承俄罗斯优秀文化传统，宗教思想、哲学运思、诗人激情在著作中无缝隙地融为一体。他的代表作品是《花卉与神香》《西方哲学的危机》。

索洛维约夫批评西方经验主义和唯心主义哲学将绝对意义归于片面见解和抽象原则。他重新解释斯宾诺莎和黑格尔，认为人生是一个辩证的过程，涉及知识与现实在相互冲突的紧张关系中的互动。他认为神具有终极统一性，而起源于这个单一的创造性源泉的多元的世界，正在经历重新融合为一的过程。世界与神之间唯一的中介只能是人，只有人是自然界的重要组成部分，能够在现实经验的混沌多元性中认识和表达"绝对统一性"的神圣思想。因此，神的完美启示就是基督在人性中的道成肉身。

索洛维约夫认为他的使命就是用理性的形式梳理俄罗斯引进的基督教的教义和理论，使之符合俄罗斯人民的精神需求；他使俄国哲学有了独立的语言和表达形式，结束了俄国哲学仅仅靠散文、札记、随笔等方式表达自己的时代；他认为俄罗斯思想与基督教思想在真善美基础上可以进行完美的结合。他对个体哲学的研究独树一帜，他认为人具有对不朽的渴望与对真理、道德完善的渴望。

清溢雒鲤木
丁酉 薛旭源

弗洛伊德

弗洛伊德（Sigmund Freud，1856—1939），奥地利精神病医师、心理学家，精神分析学派创始人。进入维也纳大学医学院学习，获医学博士学位。深受达尔文—巴斯德实证主义科学观的影响，曾留学巴黎学习精神病理学，研究领域转向精神分析学。40岁出版《梦的解析》一书，被认为是精神分析心理学的正式诞生。其影响与日俱增，阿德勒、荣格等人追随其后，成立国际精神分析协会，标志着精神分析学派最终形成。他还撰写了大量社会学著作，其中《图腾与禁忌》《文明及其不满》影响最大。

弗洛伊德首创了潜意识心理学体系，他利用自己的专长，尝试各种试验方法把被压抑的经验带到意识领域，来唤醒潜藏的记忆。他强烈关注了前意识和潜意识，并深入分析了它们的缘由和构成，对精神疾病提出用自由联想法和催眠术来治疗，他揭示了人类精神疾病的发作原因是对原始本能的压抑。弗洛伊德晚年还把精神分析的理论和方法用于分析社会历史、文学和艺术现象，他认为，文明发展的动力只能来自对个人的本能的压抑以及对压抑的克服，并把其欲望升华为创造。

人类行为、梦境乃至文化艺术品，都被弗洛伊德独具慧眼地视作具有深层意义和深刻内涵的符号体系。这一崭新的视角产出了丰硕的成果，对于心理学、人类学、符号学以及艺术创作和鉴赏等众多领域产生了深远影响。然而，弗洛伊德最为看重也反复重申的主张——精神分析是一门由他所成功创制的精神科学，则仍然是许多批判性辩论和争议的主题。

在人的潜意识里，人的性欲一直蓄在压抑的状况，社会的道德法则等文明的规则使人不能欲望至要于理性的抗衡之中。弗洛伊德如是说。丁酉盛暑晓源写

齐美尔

齐美尔（Georg Simmel，1858—1918），德国社会学家、哲学家。出身于犹太家庭，父亲去世后继承了一笔可观的遗产，使他可以衣食无忧、自由自在地从事学术活动。1881年，他获得哲学博士学位。经多方努力未获得教职，后以自由职业者身份任教于柏林大学。一生交友甚广，诗人里尔克、哲学家胡塞尔和李凯尔特、社会学家马克斯·韦伯都是他家中的座上客。马克斯·韦伯与齐美尔交往甚密，携手创办了德国社会学协会。齐美尔学术视野开阔，研究领域广泛，后有学者将他誉为"从一只坚果跳到另一只坚果，并不抱着一只坚果啃个没完"的松鼠；也是这个原因使齐美尔终身未得到德国学术界的承认，郁郁而终。齐美尔留下了丰厚的学术成果，著有《历史哲学问题》《道德科学引论：伦理学基本概念的批判》《货币哲学》《宗教》《社会学：关于社会交往形式的探讨》《社会学的根本问题：个人与社会》。

齐美尔认为社会学是一个开放的体系，而不是一个封闭的体系。社会学是"关于个体之间的相互作用或社会互动的一门科学"。社会互动是社会学关注的焦点，从中可以折射出个体之间的关系：聚集与分化、共处与冲突。齐美尔主张应该对个体活动的具体内容进行抽象的研究，致力于探讨社会生活中的"形式"，并在此基础上形成了所谓的"形式社会学"。齐美尔认为"社会学在很多方面是社会的显微镜"，他着重研究和讨论在大城市中人们普遍感觉到的孤独与冷漠问题，探讨熟人与陌生人的社会互动和认知问题，继而对时尚、气味、服装、金钱、食品进行了社会学分析，对裹挟其中的现代性问题首次进行了知识的诊断与批判，开启了对现代性研究的先河。

齐美尔另一个学术贡献就是撰写了大部头的著作《货币哲学》。他从现代的货币制度入手，分析了在"金钱是我们时代的上帝"的情况下，现代文化、生活风格以及个体生活体验所发生的变化。他认为西方现代社会把金钱看成了现代人生活最直接的目标，看成了"持续不断的刺激"。在金钱经济与社会里，人与人之间的关系变成物与物的关系，人们创造的物成了人的主人，人被物化和异化了。齐美尔这一思想直接启发他的学生卢卡奇，卢卡奇在举世闻名的著作《历史与阶级意识》里系统而深入地阐发了这个理论。

马克斯·韦伯对齐美尔的理论著作评价很高——"几乎他的每一篇作品都富于重要的新的理论观点和细致入微的观察"，但是对他碎片化的表述方式表示不满。不过，学界也有人表示很赞赏这种文体，视为"惊鸿一瞥"。

云：货币只是一条通往最终价值的桥梁。而人，永远无法在桥上栖居。人最终能够安然栖居而是自己的心灵。

戊戌薛曉源敬写

胡塞尔

胡塞尔（Edmund Husserl，1859—1938），20世纪德国著名哲学家，现象学的创始人，同时也被誉为近代最伟大的哲学家之一。

胡塞尔是犹太人，早年攻读数学、物理，1881年获博士学位，后跟随哲学家布伦塔诺钻研哲学。他创立的现象学影响了20世纪哲学和思想的路径和里程，海德格尔、萨特及梅洛-庞蒂先后深受影响。他先后在德国哥廷根大学和弗莱堡大学任教，1938年病逝于弗莱堡。胡塞尔终生勤于著述，生前留下4.5万页的手稿，现保存在比利时卢汶胡塞尔档案馆，有大量著作正在整理编辑中。

胡塞尔的哲学雄心就是要把哲学建设成像自然科学那样，成为一门严格意义的学科。胡塞尔的现象学是意识"朝向"现象学，他认为意识总是对某物的意识，他把意识作为意向性活动来认识，第一次区分了意向活动和意向对象，明晰了意识的意向性结构。胡塞尔从不否认物的客观存在，但是他关注的是物与人的意识相关联的知识世界的构成。胡塞尔现象学的伟大贡献就是第一次纠正了人类认知事物的自大和僭越，他说：物体永远在"侧面"或"侧显"中呈现，或者在"透视性侧面"中呈现。在胡塞尔看来，甚至上帝也只能在物的诸侧面中对其把握。物永远是在"侧显"中，无论实物还是艺术作品。他认为这是现象学的永远的本质。

每一種原初地給予
而直觀是認識而
正當而源泉。
現象學大師胡塞尔
先生如是説
戊戌 薛晓源敬寫

柏格森

柏格森（Henri Bergson，1859—1941），法国哲学家。出生于巴黎，他的幼年在伦敦度过，9岁时全家迁居巴黎。柏格森进入巴黎高等师范学院文学系读书，后被聘为法兰西学院的哲学教授。

柏格森从中学时代起便对哲学、心理学、生物学，尤其文学产生兴趣。他反对科学上的机械论、心理学上的决定论与理想主义。他认为人的生命是意识之绵延或意识之流，是一种活生生的推动力。其写作风格独特，表达方式充满诗意，文笔优美，思想富于吸引力。柏格森因他的《创造进化论》一书获得了诺贝尔文学奖，这在西方哲学史上是罕见的。

在《创造进化论》中，柏格森以广博的学识、深刻的洞见，讨论了从柏拉图、亚里士多德到康德、费希特等重要哲学家的观点，并集中批判了当时流行的斯宾塞的机械进化论，提出了创造进化论与之对垒。柏格森所提出的创造进化论可谓惊人宏伟的诗篇，具有广博视界和持续力度。他对世界的富于想象力的描绘是一种诗意的描绘，既不能证明也不能反驳。柏格森宣称，他掌握了人类最伟大的经验——内在的绵延的动态和不可测的量的性质。直觉一般被常人看作害群之马，但是他要恢复直觉的尊严，他认为哲学是真正的世界观，是直觉，直觉是活生生的生活，是能反省的实在和直接的生活。他丰富和完善了直觉的发现，这种发现被认为是通向其思想世界的入口。

柏格森

我们必须作为思想而人而行动，作为行动的人而思想。思想就是思索、探索的意思。前句是法国大哲柏格森名言。后句为人所解释。
乙未盛暑呐源

杜 威

杜威（John Dewey，1859—1952），美国哲学家、教育家，实用主义的集大成者。与皮尔士、威廉·詹姆斯一起，成为哲学"实用主义"学派主要代表人物。杜威出身于一个中产阶级的杂货商家中，后获霍普金斯大学哲学博士学位。杜威曾经到世界许多地方演讲，宣扬他的学说。杜威接受他的学生胡适等人的邀请，到中国做演讲和访学，受到了热烈欢迎。他在中国待了两年零两个月，对中国现代教育的影响非同寻常。杜威博学多才，学术研究与教学实践涉猎了众多学科，影响深远，他使实用主义成为美国特有的文化现象。

针对儿童教育，杜威反对传统的灌输和机械训练的教育方法，主张从实践中学习，提出"教育即生活，学校即社会"的口号。其教育理论强调教育并非意味着老师作为权威向学生传授知识，而是学生深度参与教学活动，并使教学活动成为一个互动的体验过程。杜威把他的实用主义哲学贴上"工具主义"或"实验主义"的标签，认为实用主义的核心要义在于将思维和认识与行为结果相关联，把预期的行为结果作为认知的意义标准，并把认知与检验结果的一致性作为真理标准。基于这样的实用主义主张，杜威激进地批判传统形而上学和认识论，强力地改造旧有的哲学概念。

以事物對於社會的功用為標準而施教育，實為養成道德、增長知識所決不可少。兒童所學若社會情況愈有密切的關係和直接的聯絡，則所得知識亦愈加正確，愈有實用。

約翰·杜威先生知其說

戊戌之夏 薛曉源

怀特海

怀特海（Alfred North Whitehead，1861—1947），英裔美籍数学家、哲学家，因其数理逻辑、科学哲学和形而上学方面的成就而闻名于世，他被认为是20世纪最伟大的哲学家之一。

怀特海的思想通常被分作三期，依次为数学—逻辑时期（1891—1913）、自然哲学—科学哲学时期（1914—1924）和宇宙论—形而上学时期（1925—1947）。第一期，他与罗素合著三卷本《数学原理》，完成了数理逻辑方面的奠基性工作。第二期，他与爱因斯坦对话，既介入了当时正在发生的科学革命，又试图反思这种科学革命的哲学意义。第三期，最终形成了他最有特色可也最有争议的形而上学思想体系。这一时期他任教于哈佛大学，正好有一批当时的中国学子、日后的中国哲学家在哈佛求学，怀特海也因此与中国发生了关联。比如，贺麟就读于哈佛大学哲学系时，曾聆听怀特海讲授"自然哲学"。1948年，在怀特海逝世后不久，贺麟写了长文《怀特海》，以为纪念。贺麟说，怀特海在哲学上的成就是"博大兼备，综贯诸家，又超出诸家"，并且认为，怀特海哲学"既是实在论又超出实在论，打破了生机主义和机械论的对立，消除了唯心论和实在论的鸿沟，可以说是新实在论阵营中有体系、有独到见解的哲学大师"。同样地，方东美也称赞怀特海哲学的独到与深刻："能与华严宗大宗师们的思想最相似的，就是近代英国的哲学家"怀特海。

科學研究的機率
是九百九十九個想法
會沒有任何結果,
可是第壹仟個
想法也許會改變
世界。可是是好想
法而產生不是一蹴
而就的。懷特海如
是說了。井韡呋源寫

韦 伯

韦伯（Max Weber，1864—1920），是德国著名社会学家、经济学家和哲学家，是一位富有个人魅力的现代思想家，是现代社会学的创始人。韦伯的思想对后世学界影响巨大，他创造的"理性化"、"卡里斯马"（超凡魅力）、"除魅"等术语，至今仍有生机勃勃的解释力和穿透力。

韦伯早年学习法律，兴趣广泛，学识渊博，在经济学、法学、管理学、宗教学方面都有很深的造诣。因发表《新教伦理与资本主义精神》，一举成名。韦伯认为，资本主义的兴起与宗教改革有密切的关联，新教特别是加尔文教的宗教情怀与北美的经济繁荣休戚相关。加尔文主义者认为，他们是上帝的子民，可以得到救赎，世俗的成功就是上帝的眷顾。新教教民的禁欲、勤勉、节俭促进了资本主义的兴起与勃发。

韦伯还开启了宗教社会学和比较宗教学的研究的先河，先后撰写了《儒教与道教》《印度教与佛教》《古犹太教》，追问和探索世界各大宗教与资本主义的关系，在《儒教与道教》里他提出在儒教盛行的中国为什么没有产生资本主义的问题。韦伯在上述著作中试图解答人们的精神生活与经济活动的深层互动关系。

受马克思《资本论》的启发，韦伯撰写了巨著《经济与社会》，把发生在不同时代、不同文明和不同社会中的经济形式、法律形式、统治形式纳入他独特的概念体系，分门别类地做出类型化比较研究和系统化因果分析。他运用科学的方法研究社会、经济和政治生活的理性化后果，全面而系统地表述了他的社会学观点和对现代文明本质的见解。

马克斯·韦伯

勤奋努力工作是一种天职,且是一种美德和道德义务;追求和获得财富是体现在上帝面前荣耀和射在标志。

戊戌薛晓源敬写

克罗齐

克罗齐（Benedetto Croce，1866—1952），意大利著名历史学家、哲学家，现代美学创始人。他出身于名门望族，担任过教育部长。克罗齐勤于著述，一生撰写了80多部著作。他在哲学、历史学、历史学方法论、美学领域成果斐然。《美学原理》和《历史学的理论和实际》是他的代表作。

克罗齐哲学中最重要、最具影响力的是美学理论。他认为艺术本质上是表现性的：表达艺术家的情感、态度或体验。克罗齐首次区分艺术作品的呈现方式——再现与表现，从而奠定了现代美学的大厦。通过引入这种区分，他试图将表现性提升为唯一的、真正的美学功能。他认为，再现是描述性或概念性的，是根据物体的共同属性对其进行分类，这样做只是为了满足观众（或听众或读者）的好奇心。与此相反，表现是直观的，关注的是在直接的具体现实中呈现其主题，以便人们使用直觉看到其本身。在理解表现时，人的态度从单纯的好奇心转变为对具体事物的直接认识，而这正是审美体验的核心。直觉是心灵创造一切人类经验的材料的过程。美学是关于直觉的一般科学。克罗齐认为，他的表现主义美学理论为19世纪的艺术革命，尤其是印象派绘画风格提供了哲学依据。

克罗齐的名言是"一切历史都是当代史"，这个命题经常会引起误解。它的本意是：历史不是关于僵死的过去事实的编造，历史正是以当前的现实生活作为其参照系，是对历史过程的有创造性和想象的解释的意义上的再造。

一切歷史都是當代史。意大利哲學家克羅齊如是說 丁酉年薛風源敬寫

列　宁

列宁（Vladimir Lenin，1870—1924），著名的马克思主义理论家，无产阶级革命家、政治家、思想家。列宁是他参加共产主义运动后的化名，他继承和发展了马克思主义，并与俄国革命的实践相结合形成列宁主义，被全世界的无产阶级尊称为"国际无产阶级革命的伟大导师和精神领袖"，是20世纪最有影响力的人物之一。他的哲学最高成就是《唯物主义和经验批判主义》《哲学笔记》。

列宁的理论贡献带有他所处实际境遇的特点。是固守马克思主义的教条，还是根据俄国实际情况发展马克思主义，是摆在列宁面前不得不面对的问题。列宁发动和领导十月革命，深刻阐发了马克思主义关于从资本主义社会向无阶级的共产主义社会过渡的理论。列宁最重要的贡献就是发展了一个强有力的党组织——布尔什维克党以及相关的理论。

通过分析和批判所谓的经验批判主义，列宁捍卫了马克思主义的唯物主义立场。他指出，当时的科学哲学家阿芬那留斯、马赫等所秉持并在俄国流行的经验批判主义，不过是贝克莱式唯心主义的翻版。立足于辩证唯物主义的立场，列宁阐明，自然科学的发现和人类社会的实践活动已经揭示了物理世界的客观实在性，也展示出人类认识的辩证发展过程。

有时候鹰飞
会比鸡还低，
但鸡永远也
飞不到鹰飞
那么高。
列宁同志如
是说
丁酉薛化源写

卢森堡

卢森堡（Rosa Luxemburg，1871—1919），出身于俄属波兰一个相当富裕的、有文化的中产阶级犹太家庭。就读于苏黎世大学社会政治系，获得经济学博士学位。曾赴彼得堡等地会见列宁，交换关于革命战略和策略方面的意见，并创建了德国共产党。1919年被资产阶级"自卫民团"逮捕，随即遇害，尸体被残忍抛掷在运河中。卢森堡是国际共产主义运动著名的领袖人物，无产阶级的革命活动家、理论家。列宁曾批评卢森堡一生所犯的"错误"，但仍认为她始终是一只翱翔于思想天空的鹰。德国现有以她命名的左翼政党奖学金。

卢森堡自称是永远的理想主义者。她反对列宁的严格的党的纪律，并与之发生了冲突。但她并不反对俄国社会民主党实行集中制，她与列宁的分歧是在党内如何实行集中，她认为列宁所主张的是"无情的集中主义"。卢森堡的建党思想的关注点在党内要保持通常的民主程序，要充分发挥党内民主，增强党的活力，使民主与共产主义的理想与制度和谐相处。卢森堡关于无产阶级专政和社会主义民主的见解同她的建党思想是一脉相承的，她的见解深刻独到，具有前瞻性，值得社会主义国家深思与借鉴。

鹰有时比鸡飞得
低，但鸡永远也不
能像鹰那样
搏击长空。列宁
如是称赞罗莎·
卢森堡是无畏而
至命之鹰。
丁酉年 薛晓源

罗 素

罗素（Bertrand Russell，1872—1970），英国哲学家、数学家、逻辑学家、历史学家、文学家，分析哲学的主要创始人，世界和平运动的倡导者和组织者。主要作品有《哲学问题》《心的分析》《物的分析》等。罗素出身于一个贵族家庭。1890年考入剑桥大学三一学院，后曾两度在该校任教。罗素一生勤于著述，学术成果斐然，他的哲学著作《西方哲学史》文笔流畅，是一部脍炙人口、畅销世界的哲学史著作，使他获得1950年诺贝尔文学奖。罗素富有正义感，勇于参加各种正义活动，历经磨难，多次入狱，为维护世界和平做出了巨大努力和贡献。罗素不仅擅长使用简单明晰的语言向非专业人士解释复杂疑难的问题，他还踊跃参加各种政治活动，其和平主义的反对拥有、使用核武器的主张让他在西方成为家喻户晓的人物。

作为一位哲学家，罗素的思想大致经历了绝对唯心主义、逻辑原子论、新实在论、中立一元论等几个阶段，主要贡献在数理逻辑方面，他还修正了集合论，提出分层设置不同类型的集合来避免悖论，这些贡献使他成为现代分析哲学的创始人之一。罗素晚年在回忆录《我的哲学发展》中写道："哲学家的职务是尽量使自己成为一个平正的镜子，来反映世界……但是，绝对的公正不偏是我们所不能做到的，我们只能不断地向此接近。指明走向这个目标的道路就是哲学家无上的义务。"

许多人宁愿去死,也不愿去思考;事实上他们也确实至死都没有思考过。——英国哲学家伯特兰·罗素语

丁酉薛晓源

别尔嘉耶夫

别尔嘉耶夫（Nicolas Berdyaev，1874—1948），20世纪最有影响的俄罗斯宗教哲学家、思想家，以其思想的博大精深被西方世界誉为"20世纪俄罗斯的黑格尔"。他出身于俄国的开明贵族家庭，母亲是法国人，从小受到西方文化熏陶，追求自由成了他的天性，也为他日后的哲学研究熔铸了最明显的标注。他一生共出版和发表43部著作、500多篇文章。代表作是《俄罗斯思想》《自由的哲学》。

别尔嘉耶夫因不满沙皇专制统治，曾经接受过马克思主义；后来又告别马克思主义，他认为"社会主义""无产阶级"这些抽象的观念牺牲了人的尊严和自由。他始终拒绝与苏维埃政府合作，经列宁批准被驱逐出境，侨居在法国从事研究和写作。

别尔嘉耶夫以其对"自由"的执着而闻名于世，他说，"被我作为哲学的基础的，不是存在，而是自由"。对他来说，自由是形而上学的基本或终极现实。先于其他一切，作为其他一切的基础或"根据"，存在着自由。因此，自由是"无前提的前提"。它是万物存在的"第一原理"，但不是传统形而上学中的原因，可以解释一切的存在，而是作为终极源泉，是人们深入存在本身就能发现的现实。因此，当萨特的存在主义宣称"存在先于本质"时，别尔嘉耶夫却宣称"自由先于存在"。他所说的自由主要指人的创造性活动，他以"创造"概念为中心建构了一种宗教社会主义理论，上帝、自由、存在、个性和历史都融为一体了，是真正的乌托邦。

列奥·舍斯托夫

如是说：与这个世界
相比，忧郁都更具先验性，
更是越出此岸世界同限
而超越。但是面对先验而
东西走反而是孤独。这
是彼此岸而生活与超
验生活之间超达自然
化而冲突。

丁酉年 薛旭源

卡西尔

卡西尔（Ernst Cassirer，1874—1945），德国哲学家，文化哲学创始人。他是新康德主义代表人物柯亨的学生，是马堡学派主要代表人物，但是卡西尔的哲学建构"不是正统的新康德主义，更多的是受到了晚近以来科学思想发展的影响"。他一生著述甚丰，涉猎广阔，被认为是语言哲学、文化哲学、符号美学的思想先驱，代表作有《符号形式的哲学》《人论》等。

卡西尔早年醉心于纯粹哲学范畴、原理和逻辑演绎的研究，后期思想解放，拓展康德理性批判方法的应用范围。卡西尔的哲学思想总体上说是一种人类文化哲学，他认为人是符号的动物，文化是符号的形式，在符号的建构过程中，逐渐构成一个文化世界。语言、神话、宗教、艺术、科学和历史都是符号活动过程中逐渐生成的。他认为神话是人类精神活动最早创造的文化现象，神话思维在人类由直观思维向概念思维的嬗变中起到举足轻重的中介作用，从而影响了人类逻辑思维的结构和走向。

卡西尔在20世纪哲学中占有独特的地位。他既关注数学和自然科学中的基础和认识论问题，也关注美学、历史哲学和文化哲学的问题，对数学和自然科学及更具人文精神的学科给予同等的哲学关注。分析哲学和大陆哲学两大阵营对垒，形成了对科学和人文学科的两股截然不同的思想潮流。卡西尔则与这两个阵营的主要成员都有着富有成果的哲学联系：既熟知分析哲学阵营中的逻辑学、语言哲学和科学哲学的成就，也与大陆哲学阵营中的现象学、存在主义、诠释学保持哲学对话。

大哲卡西尔

对希腊精神来说
美始终具有一种完全
客观而意义。美就是
真,它是实在的一种基
本品格。大哲卡西尔在
《人论》中如是说

乙亥薛明德源敬写

石里克

  石里克（Friedrich Schlick，1882—1936），德国哲学家，维也纳学派和逻辑实证主义的领袖人物。石里克出身于柏林的一个富人家庭。他是普朗克的学生，最早对爱因斯坦的相对论进行深入的研究，提出了对于广义相对论的约定主义解释，并发展出来关于理论物理基本术语的新解释，成就斐然；也曾推崇和激发了维特根斯坦重返哲学研究，并使其写下了举世名著《哲学研究》。1936 年，他被一名失智的学生枪击而死，享年 54 岁。

  《普通认识论》是石里克最重要的著作。在维也纳学派内部的激烈辩论中，他标志性的主张是坚持证实原则和真理符合论。他的作品代表了维也纳学派对于早期逻辑经验主义者所遭遇的挑战的冷静思考。尽管逻辑经验主义的观点目前很少受到哲学家的青睐，但他们的哲学方法，尤其是他们对哲学核心困惑的辨析，仍然在当代思想家中产生着巨大的影响。石里克的思想至今仍在启发着许多哲学思考。

  石里克曾批评胡塞尔的现象学，尤其对胡塞尔所提倡的本质直观和悬置法进行批评。他认为，一切认知行为都关于"看—似"关系，都是理智化和判断行为，纯粹直观不具有认知的性质。他追随维特根斯坦的观点，认为不能经过实际经验证实的断言只是空洞的同义重复，是没有意义的形而上学。他的观点激怒了胡塞尔，胡塞尔在其《逻辑研究》第二版"前言"中严厉地回击了石里克的批评，维护了现象学的尊严。

石蘅令

丁酉薛曉源

雅斯贝尔斯

雅斯贝尔斯（Karl Jaspers，1883—1969），德国存在主义哲学家、精神病学家。自幼对哲学感兴趣，受父亲的影响读法律系，后转读医学，又从心理学转向哲学研究，在德国甚至整个欧洲享有盛名。雅斯贝尔斯的研究具有全球视野，他在《大哲学家》一书中研究和分析东方哲学，尤其是孔子和老子的思想，发人深省。

雅斯贝尔斯的思想源于克尔凯郭尔，后期谢林的思想和尼采的思想也是其灵感的来源。雅斯贝尔斯主要在探讨内在自我的现象学描述，超越横亘在人们面前的地平线，超越被限定的此在，去发现存在是什么，我们究竟是什么。

雅斯贝尔斯在《历史的起源与目标》中首创了一个很著名的概念——"轴心时代"。他认为，时间在公元前800年至公元前200年之间，空间在北纬25°至35°之间，各个文明都出现了伟大的精神导师——古希腊有苏格拉底、柏拉图、亚里士多德，以色列有犹太教的先知们，古印度有释迦牟尼，中国有孔子、老子……"轴心时代"的大哲们提出的思想原则塑造了不同的文化传统，而且至今影响着人类的生活。虽然中国、印度、中东和希腊之间有地理上的阻隔，但在文化上却息息相通。

維斯貝爾斯 云：

只有一個超驗而宗教或哲學信仰才能在經歷所有這些艱難之后仍然屹立不倒。

己亥薛曉源敬寫

卢卡奇

卢卡奇（Georg Lukács，1885—1971），是匈牙利著名的哲学家和文学批评家。出身于匈牙利布达佩斯一个富有的犹太家庭，从小受到良好的教育，在德国攻读德国古典哲学和现代西方哲学，曾师从生命哲学家齐美尔和著名社会学家马克斯·韦伯。以著作《历史与阶级意识》开启了西方马克思主义思潮，被誉为西方马克思主义的创始人和奠基人。卢卡奇在晚年仍然是一位多产的作家和有影响力的理论家，发表和出版了大量关于文学理论和美学的文章和两部关于美学和本体论的巨著：《审美特征》（1963）和《社会存在本体论》（1971）。卢卡奇一生经历坎坷，他的理论曾产生了重大的影响，给他赢得很高的国际性声誉，但其理论表述也引起了很大的争议。

卢卡奇在《历史与阶级意识》一书中以物化、总体性、阶级意识、主客体的统一等范畴表述对马克思主义的辩证法进行全新的理解和阐释，他在马克思早年著作《1844年经济学哲学手稿》整理出版前十年，就发现并系统阐发了资本主义社会中所存在的异化问题，主张用总体性克服异化，从而使无产阶级获得经济解放、政治解放和思想解放。他用理论建构批评了流行的僵化、机械的马克思主义，在学术界产生了轰动效应。但是毁誉参半，他也受到共产国际的领导人和理论家的严厉批判和指责。

卢卡奇云：
社会和作为商品
生产者而劳动者
间物化是全面而
不仅表现在经济
方面，而且也表现
在政治和意识
形态方面。
戊戌 薛晓源

布洛赫

布洛赫（Ernst Bloch，1885—1977），德国著名哲学家。出身于巴伐利亚路德维希港一个铁路职员家庭。在柏林大学师从著名社会哲学家齐美尔。曾与西方马克思主义的代表人物卢卡奇、阿多诺、本雅明交往甚密，并相互影响。纳粹上台后，他流亡国外，侨居美国，从事哲学写作，批判法西斯主义，思想上靠近马克思主义。曾在民主德国莱比锡大学任教授，他力图在乌托邦思想与马克思主义之间寻找结合点。在访问联邦德国时，滞留不归，在图宾根大学任教，宣扬"人道的社会主义"。他撰写了大量著作，最有代表性的是三卷本《希望的原理》。

布洛赫的哲学以"希望"为本体，把希望看作"更美好生活的梦"，建构一种希望的形而上学。西方马克思主义者大多都不认同作为一种情感的"希望"概念，认为希望与理性的体系不相容。布洛赫认为，马克思主义恰恰表达了一种"已知的希望"，因为马克思主义描绘人类社会发展的前景，并鼓励人民积极投身到社会变革和政治变革的洪流中去，并使群众充分发挥想象的创造力去构思未来，只有马克思主义所倡导的社会主义原则才能提供世俗社会的美好生活和梦想。在此意义上，马克思主义是一种"希望哲学"。

我们是谁？我们来自何處，我们走向何方？我们期待什么，什么東西在迎接我们。大指布洛赫在书里望哲学中如是說

丁酉年 薛晓源

蒂里希

蒂里希（Paul Tillich，1886—1965），西方著名的神学家和哲学家，德裔美国生存主义思想家。出生于普鲁士，曾在马堡大学、莱比锡大学任教。他作为宗教社会主义的领袖，公开批判希特勒的国家社会主义，后被迫流亡美国，先后在哈佛大学和芝加哥大学担任教授。一生著述宏富，《系统神学》《存在的勇气》《文化神学》等著作影响巨大。

蒂里希思想极为包容，视野极为开阔，运思的范围不只是宗教的教义和哲学的思辨，他以哲学本体论、基督教神学和伦理学为基础来观照和解决在核武器威慑下人的现实处境和社会政治问题。蒂里希思想最具影响力的两个主题分别是：首先，他坚持认为所有关于上帝的语言都是象征性的，因为只有象征性语言才能保证上帝的超越性。因此，在谈论上帝时，如果一味追求字面意义，就会陷入困惑。对于宗教叙事的神话性，也是必须从象征视角来理解。其次，他主张扩大宗教的范畴。通过将宗教定义为"终极关怀"，他认为几乎每个人都有某种宗教承诺。按照这一理解，纳粹主义、共产主义以及美国主义等20世纪的意识形态，都可以视为信仰。这一扩大了的信仰的定义得到了广泛接受，并产生了社会政治甚至司法影响。美国最高法院对依良心拒服兵役的定义就受到了蒂里希这一提法的影响。在此意义上，终极关怀就是人的存在及其意义。他认为，终极关怀是敢于直面生活中的"有限性"和"无意义"，表现为存在的勇气。

爱,并不是一种感情,而是生活的一个原则。爱是一种与自身相分离而又回到自身的生活。爱并不是把某种外在的东西强加于正义,而是提供正义的基础、动力和目的。

括山万里希如是说

戊戌 薛晓源写

维特根斯坦

维特根斯坦（Ludwig Wittgenstein，1889—1951），犹太人，哲学家，出生于奥地利，逝世于英国剑桥郡，享年62岁。父亲是奥地利著名企业家，母亲是银行家的女儿。维特根斯坦在林茨的一所中学学习，和希特勒是同学。其后，他听从了弗雷格的建议，拜罗素为师，罗素称这场相识是他一生中"最令人兴奋的智慧探险之一"。维特根斯坦在"一战"战场上完成划时代的哲学著作《逻辑哲学论》的初稿，他认为哲学已经终结了。之后他奔赴奥地利南部山区，成为一名小学教师。经历种种坎坷之后，1929年，维特根斯坦重返剑桥，获得博士学位，成为教授。去世后被认为引导了语言哲学新的走向的《哲学研究》出版了。维特根斯坦的研究领域主要在数学哲学、精神哲学和语言哲学等方面，从1939年至1947年，他一直在剑桥大学教书。他在生前出版的著作不多，只有《逻辑哲学论》。学界公认他是20世纪最伟大的哲学家之一。

《逻辑哲学论》是维特根斯坦"前期"研究的高峰，《哲学研究》则是"后期"研究的巅峰之作。前者是把语言、思维和实在密切联系起来，世界由独立的"原子"事实和事态构成。面对世界，我们能说则说清楚，不能说的，保持沉默。后者视语言为生活的组成部分，他把语言在不同情境和时间的不同用法视为"语言游戏"，从而想探寻出某些特定的语言游戏的基本规则和规律。

凡是能够說的，都能說清楚；凡不能談論的，就應該保持沉默。

大哲維特根斯坦在《邏輯哲學論》如是云

丁丑年薛曉源寫

海德格尔

海德格尔（Martin Heidegger，1889—1976），德国著名哲学家，20世纪存在主义哲学主要代表人物。他早年学习神学，后来阅读布伦塔诺的著作《论亚里士多德以来存在者的多重含义》，深受影响。曾经做著名哲学家胡塞尔的助手，潜心研究现象学。1927年，他出版了《存在与时间》，这本书被视为存在主义的奠基之作，使他拥有世界性的声誉。曾一度担任弗莱堡大学校长，因效忠纳粹，被世人诟病。晚年隐居在家乡黑森林的小木屋，研究哲学问题。

海德格尔早期关注存在与存在者的区分，他认为亚里士多德以后的哲学是从存在者的角度去研究存在，使存在的意义被遮蔽。他认为只有在时间的视域里，存在的意义才能在过去、现在、未来的三重维度中展现出来。后期海德格尔转向语言和诗歌的研究，他认为诗歌是哲学的元语言，是存在通向遮蔽—解蔽双向运动的唯一途径。他对大众对现代科技的迷信持批判态度，认为原子弹爆炸把现代人连根拔起，人已经无家可归了。他对现代科技的未来发展持悲观态度，认为其可能会毁灭人类。

海德格尔

在《论哲学的规定》云：
"伟大哲学家们的目的，朝向一个在任何意义上都是终而普遍而和普遍而有效的东西。与生活和世界之谜而内在斗争力图在对立界和生命的终极之物的固定中达到安宁。"

己亥薛晚源欣写

卡尔纳普

卡尔纳普（Paul Rudolf Carnap，1891—1970），德裔美籍作家、哲学家，出生于德国隆斯多夫。早年受教于弗雷格，在耶拿大学获博士学位。之后，他深入钻研怀特海与罗素合著的《数学原理》，并尝试用符号逻辑表述和研究哲学问题。卡尔纳普成为石里克所领导的逻辑实证主义的维也纳学派中最有影响的成员。他的著作《世界的逻辑结构》是早期逻辑实证主义的一部重要的代表作。他也成了经验主义和逻辑实证主义代表人物、维也纳学派的领袖之一。

和维也纳学派的其他思想家一样，他对传统哲学，尤其是对形而上学深恶痛绝。他断言，许多哲学问题实际上是伪问题，是滥用语言的结果。他曾撰文讽刺海德格尔的哲学是无病呻吟，是没有意义的同义重复。他认为哲学问题就应该归结为语言问题。当我们认识到这些问题所表达的并非事实，而是不同语言框架之间的选择时，其中一些问题就可以迎刃而解。因此，对语言的逻辑分析成为解决哲学问题的主要工具。由于普通语言模棱两可，卡尔纳普主张必须用人工语言来研究哲学问题，人工语言受逻辑和数学规则的支配。在人工语言中，他处理了语句的意义，对概率的不同解释，解释的性质，以及分析语句与综合语句、先验语句与后验语句、必然语句与偶然语句之间的区别等问题。

哲学就是
语言的逻辑
分析。卡尔纳普对
质疑形上学，对
其指掌作如是
观 丁酉薛晓源

本雅明

本雅明（Walter Benjamin，1892—1940），出身于德国柏林一个富有的犹太家庭。曾在柏林和伯尔尼研究哲学，1919年以《德国浪漫主义的艺术批评观》一文获得伯尔尼大学博士学位。他的教授职位论文《德国悲剧的起源》曾被法兰克福大学否决，未得教职，但如今该书却成为20世纪文学批评的经典。曾是法兰克福学派的成员。纳粹肆虐，他移民美国受阻，被困在西班牙小镇绝望自杀，享年48岁。出版有《发达资本主义时代的抒情诗人》和《单向街》等作品。本雅明的身份丰富而多样，写作细腻而奇特。其藏书丰富，写作旁征博引。在他的知识谱系里有西方马克思主义法兰克福学派社会批判的身姿，有犹太教救世主义的影子，也有新左派反叛创新精神，"文化产业"（或译为"文化工业"）一词就滥觞于他。

本雅明几乎将一生奉献于写作。在他的美学体验背后蕴含着悲凉的历史哲学意识。他反对主客对立的狭隘的经验概念，始终致力于重塑真理与历史的关系，试图拯救短暂经验的整全性。因此，他充分关注语言、宗教和历史中的多重经验。在他一生的作品中，可以不断地看到这一哲学关切以复杂而富有成效的方式交织着。在技术日益统治世界的趋势和浪潮下，艺术作品的灵韵消失，知识分子作为一个物种逐渐灭绝，他心怀高远，抵抗世界商品化和拜物教，他要完成文化的救赎。

有時候遠方喚起的渴望並非是引向陌生之地，而是一種回家的召喚。德國大哲瓦爾特·本雅明如是說丁酉薛曉源敬寫

伽达默尔

伽达默尔（Hans-Georg Gadamer，1900—2002），德国著名哲学家，解释学大师。他是德国人文学界德高望重的长者，活了102岁，见证了整个20世纪。他在大学攻读文学、语言、艺术史、哲学，1922年获博士学位。曾师从海德格尔，并深受其解释学的影响。1929年后先后在马堡大学、莱比锡大学、海德堡大学等任教，主讲美学、伦理学和哲学。伽达默尔先后任德国哲学总会主席和国际黑格尔协会主席。1960年，他以出版著作《真理与方法》闻名于世。

伽达默尔的哲学思想集中于四个领域：首先也是最富有影响力的是他对哲学解释学的发展和阐发；其次，与哲学家的对话，特别是与柏拉图和亚里士多德的对话和与黑格尔和海德格尔的对话；再次，美学解释学，包括与文学，尤其是诗歌和艺术的对话；最后，实践哲学。伽达默尔认为应该把哲学理解为一种活生生的、参与性的活动，解释学是解释或理解的艺术，真正的解释学是一种持续向前、永远不能完成的理解过程。他的哲学精神和人生实践统一在这样一个问题上：对话和理解如何可能是此在（Dasein）的一种存在方式？虽然在交流之前，每个人各自禀有"偏见"和"成见"，但是我们能够并确实达到相互理解，这是一个视界相互渗透的过程，是一种"视界融合"。他的一生都在研究对话和理解，他的教学和著述也都是在与听众的对话中展开的。

能被理解而存在就是語言。
德國哲學家
漢斯·伽達默尔
如是說
丁酉春夏之交 薛曉源

拉 康

拉康（Jacques Lacan，1901—1981），是法国杰出的精神分析学家和心理学家，也是当代法国思想界、学术界和文化界最有影响的人物之一。少年时就对哲学产生兴趣，尤其钟爱斯宾诺莎的哲学。19岁进入巴黎大学学习医学和哲学。受哲学家巴塔耶影响，听科耶夫讲授《精神现象学》，科氏对黑格尔主奴辩证法思想的欲望关系的诠释深远地影响了拉康。拉康从语言学出发来重新解释弗洛伊德的学说，他提出的诸如镜像理论、三界的拓扑学、欲望的辩证法、原乐的伦理学、话语的政治学等学说对当代理论有重大影响，学界普遍认为他是自笛卡尔以来法国最重要的哲人，被誉为"法国弗洛伊德"。

拉康最有影响的理论是镜像理论。拉康对流行的弗洛伊德学派的理论不满，主张进行"重新阐释"，并要求回到弗洛伊德的观点。他提出了镜像阶段的理论：婴儿在出生后的6—18个月中，从镜子中看到自己，通过镜子孩子发现自我，并发现自己与别人的区别，从而渐渐承认自我的存在，认识到自己与别人别物是有区别和联系的。这样，婴儿就逐渐变成有情感和观念的人了。拉康从镜像阶段的理论又引出了关于个性或人格的想象、象征和现实三个层次的学说。弗洛伊德讲幼儿感知世界的三个阶段——口腔的、肛门的和性器的，拉康提出新的分类概念来解释上述的从幼儿到"成年人"的发展轨迹。他高度概括出需求、请求和欲求三个概念来大致上对应和解释人类发展的三个阶段或领域——想象界、象征界和现实界。

拉康对弗洛伊德极为推崇。他提出要回到弗洛伊德，就是要"回到弗洛伊德的发现的原初时刻，去重启无意识的断裂维度"。他认为无意识的断裂维度就是人们在日常生活中忽略和拒绝的东西，是某种失落的东西，是不在场的在场，是常人无法回避和逃脱的东西。他认为无意识不是本能的、杂乱无序的，而是自身井然有序的语言结构。他把结构主义大师索绪尔的语言哲学和弗洛伊德的精神分析学说进行创造性的融合改造。为此，他重新研究弗洛伊德研究的梦的"压缩和移位"，提出无意识具有相应的"隐喻和转喻"功能，根据语法结构，把断断续续、不连贯的胡言乱语，编织成有序、可理解的话语体系。他石破天惊地提出惊人之语——人是无意识的主体，而"主体就是一系列的能指"，他把"能指"赋予了无限意义。

绘画说：

潜意识是人类行为的源头，我们所有的感受、判断、分析和选择都源于潜意识。所以既然我们是潜意识的释放，那么我们所说的现实只是虚幻，梦才是真实的。丁酉薛晔源写

波普尔

波普尔（Karl Popper，1902—1994），出身于奥地利一个犹太裔中产阶级家庭，毕业于维也纳大学，获授哲学博士学位。"二战"期间，波普尔移民至新西兰。后迁居英国，在伦敦政治经济学院讲解逻辑和科学方法论，1949年获得教授职衔。1976年，当选英国皇家科学院院士。波普尔一生结交了许多科学家，他的理论建树得到诺贝尔奖获得者爱因斯坦、玻尔的欣赏和称赞。他的理论建构和表述以明晰性见长，他能用清晰流畅的语言阐明深刻的科学与哲学大道。著有《开放社会及其敌人》《科学发现的逻辑》《猜想与反驳》等。

波普尔是批判理性主义的创始人。他颠覆了科学通过归纳而进步的思想。他认为，实验永远不能证明理论，但可以反驳理论，证实与证伪之间缺乏对称性。经验观察必须以一定的理论为指导，但理论本身又是可证伪的，因此应采取批判的态度。在他看来，可证伪性是科学的不可缺少的特征，是科学发展的动力。科学的增长是通过猜想和反驳发展的，只有能被反驳的理论才会使我们增长知识。科学实验不能证实知识的客观性和正确性，只能证伪，因而他的理论也被称作证伪主义。

波普尔的哲学思想具有广泛而深刻的影响。他的证伪主义方法论启发了库恩、费耶阿本德、拉卡托斯等科学哲学家的思想，为当代贝叶斯主义奠定了基础，也强化了科学作为经验活动的形象。

游诣翁

薛沱源写

萨 特

萨特（Jean-Paul Sartre，1905—1980），是法国20世纪最重要的哲学家之一、法国存在主义的主要代表人物、西方社会主义最积极的倡导者之一。早年，接受叔本华、尼采等人的哲学影响。后赴德国留学，深受胡塞尔、海德格尔的影响。"二战"期间，参战被俘，过了9个月的铁窗生涯，改变甚多。出狱后，从事文学和哲学创作，影响巨大。1964年获诺贝尔文学奖，但是萨特拒绝领奖，他拒绝"一切来自官方的荣誉"。曾经到访苏联和中国。在1968年"五月风暴"中他始终站在学生一边，声援正义。在西方各种运动中，萨特对各种被剥夺权利者表示同情，反对冷战，反对侵略。他也是优秀的文学家、戏剧家、评论家和社会活动家。《存在与虚无》是萨特最有影响的哲学代表作。

在萨特的早期作品中，可以明显看到他对胡塞尔现象学的继承和发展，但在方法论、自我概念和对伦理学的旨趣等方面则偏离了胡塞尔现象学。这些偏离的旨趣恰恰构成了萨特的存在主义现象学的基石。萨特注重的是理解人的存在而非世界本身。他采用并改编了现象学的方法，从本体论的角度来阐述"人是什么"。这种本体论的主要特征是无前提性和绝对自由，而这也正是人的处境的特征。这与世界的事实存在之间形成了鲜明对比。萨特的大量文学作品以戏剧性的方式表达了同样的哲学洞见：在无偏倚的世界中，事实与自由总是不稳定地共存。

萨特在1943年出版的《存在与虚无》中指出，人来到这个世界是孤立无援的，人必须为自己的存在负责。人的本质不是先天赋予的，也不是上帝设定的，人的存在先于本质。人是自由的，自由令人惶恐和孤独，人必须承担自由的痛苦和代价。人要为自己的选择负责。有人认为这部书是法国抵抗运动反对纳粹统治的法国"理论表述"。

萨特

丁酉 薛明德

列维纳斯

列维纳斯（Emmanuel Levinas，1906—1995），法国著名哲学家，出生于立陶宛。列维纳斯幼年在立陶宛接受过传统的犹太教育，后到弗莱堡大学跟随胡塞尔学习现象学，中间遇到海德格尔，并深受影响。列维纳斯是最早关注海德格尔与胡塞尔的法国知识分子，他翻译了胡塞尔的著作《笛卡尔式的沉思》，并把他们的思想运用到自己的哲学建构中。在某种意义上，列维纳斯的哲学可以看作与胡塞尔、海德格尔和黑格尔三位哲学家的持续的、批判性的对话。

列维纳斯始终努力尝试在犹太传统、基督教和"用希腊语言思想的"哲学之间架构一座会通的桥梁。他以犹太传统的思想出发，挖掘其优厚的文化资源，凭借对现象学概念的娴熟掌握，深入思考希腊文化和希伯来文化的会通与融合。通过对传统认识论和存在论的批判，他为西方哲学提供了思考异质、差异、他性的重要路径。列维纳斯将描述与他人的相遇作为他的第一哲学。他提出对他人敞开心扉，要学会表达对他人的友爱。他关注人性中的女性因素，赞美丰硕的繁殖力和生产力，从而揭示人要履行自己的真正责任和义务。

列维纳斯是20世纪欧洲最伟大的伦理学家之一，他反对自古希腊以来的整个西方哲学传统，并在此基础上提出了最激进的真正意义上的"他者"理论，成为当代西方激进思潮的一个重要的思想资源。

列维纳斯

存在是奇特的，它撞击着我们，如黑夜一般，将我们包裹，宣裹挟，令我们窒息，痛苦万分，却又给一個答案。哲人列维纳斯如是说。
丙申 薛晓源写

阿伦特

阿伦特（Hannah Arendt，1906—1975），原籍德国，犹太人，20世纪最具原创性的思想家、政治哲学家之一。早年攻读哲学，因和导师海德格尔的爱情绯闻，后转至雅斯贝尔斯教授门下，获哲学博士学位。阿伦特一生都深受海德格尔的影响，未改初衷。1933年流亡巴黎，1941年到了美国，1951年《极权主义的起源》一书出版，为她奠定了作为一个政治哲学家的国际声誉。

阿伦特将政治和政治生活看作人类活动的独特领域而深察其本质。重构政治存在的本质是她著述生涯中一以贯之的中心关切。现象学是她展开政治哲学思考的核心角度。阿伦特将人类生活的经验性放在首位，摒弃了传统政治哲学的概念图式，将政治生活的人类经验理解为"在世界之中存在"的一种客观结构和特征。

在《极权主义的起源》一书中，阿伦特认为斯大林的"共产主义"和希特勒的纳粹主义非常相似，都是极权主义的一种形式，都源于传统政治秩序的崩溃。她认为极权主义是一种新的政府形式，它源于帝国主义的影响、国家领土崩溃瓦解、人们对种族同一性的认同。第一次世界大战和持续的经济危机是极权主义的温床，恐怖主义和意识形态的高度监控是其运作的基本手段。

阿伦特晚年创作的《论革命》《黑暗时代的人们》也产生了深远的影响。她成为普林斯顿大学第一位女性教授，她还获得以她的名字命名一颗小行星的殊荣。

即使在黑暗的时代中,我们也有权去期待一种启明,这种启明或许并不来自理论和概念,而是更多来自一种不确定的、闪烁而经常很微弱的光亮。汉娜·阿伦特如是说。

丁酉薛晓源

波伏娃

波伏娃（Simone de Beauvoir，1908—1986），法国存在主义作家，女权运动的创始人之一。出生于巴黎，毕业于巴黎高等师范学院，是著名哲学家萨特的同学和终生情侣。曾与萨特等共同创办《现代》杂志，致力于宣传和弘扬存在主义观点。她的代表作《第二性》在思想界引起极大反响，成为女性主义宣言书。她和萨特接受中国政府的邀请，一起到中国访问了两个月，并出版了《长征》一书。

波伏娃的创作涵盖了哲学、政治、伦理等多个领域。在《模糊伦理学》中，她提出了一种存在主义伦理学，谴责"严肃精神"。她认为，在这种精神中，人们太容易认同某些抽象概念，而牺牲了个人的自由和责任。在小说《名士风流》中，她虚构了第二次世界大战结束时被困在暧昧的社会和个人关系中的存在者的挣扎。对自由、责任和模糊性的强调贯穿了她的所有作品，并表达了存在主义哲学的核心主题。

波伏娃始终关注强加于作为社会中的一个群体的妇女的那种不平等的社会角色。她认为女人不是天生的，是后来男性社会强加于女性的。女人被界定为男人的他者，是男性的社会和观点对男性和女性进行了角色界定，并把女性定为"第二性"，成为男性的从属和附庸。她呼吁应该通过理论和实践的方式，去改变这种以视女性为第二性为自然的现状，使男人和女人都以一种平等、互助的方式来理解自己和注视对方。

女人不是天生的，而是后天养成的。波伏娃语丁酉薛晓源

加 缪

加缪（Albert Camus，1913—1960），出生于阿尔及利亚，家境贫寒。法国作家、哲学家，存在主义文学、"荒诞哲学"的代表人物。主要作品有《局外人》《鼠疫》《西西弗斯的神话》等。结识萨特和波伏娃，成为哲学与戏剧的知音和同路人。加缪于1957年获得诺贝尔文学奖，成为当时最年轻的获奖者。他发表了哲学论文《反抗者》之后，引起一场与萨特等人的论战，最后与萨特决裂。1960年，遭遇车祸，不幸英年早逝。

加缪才华出众，善于用简洁明快的笔法塑造人物形象，把哲学思辨和生动形象，把抽象与具象完美结合在一起。他的小说与戏剧从来都是形象的哲学，蕴含着哲学家对人生的严肃思考和艺术家的强烈激情。他用西西弗斯的形象与故事，展示人在世的荒谬，因荒谬感而产生绝望，在绝望中点燃希望，奋起反抗，赢得尊严，从而建构人生的意义和获得短暂的幸福感。荒谬与反抗是加缪一生创作和运思的主题和灵魂。二元对立的主题，如反与正、荒诞与理性、生与死、堕落与拯救、阳光与阴影、有罪与无辜也像变奏曲的主旋律一样时刻荡漾在加缪的哲学与文学作品中，成为他著文的独特性和个性魅力。

加缪的思想有着常青的魅力。即使在当今世界，他的作品依然被人们所关注和讨论。他关于我们生存于其中的无神宇宙的深思，不断地被讨论宗教信仰的论著所援引；他关于暴力的作品则在"9·11事件"之后被重新讨论，以揭示21世纪恐怖主义背后的动机；在新冠大流行时期，《鼠疫》一书的销量更是爆炸式增长。

我們的靈魂與家
之間的距離如
此遙遠，而家
卻存在卻如此
真實。法國指人
可忘見，加繆如
是說。丙申年
薛曉源寫

阿尔都塞

阿尔都塞（Louis Pierre Althusser，1918—1990），是法国结构主义马克思主义创始人、著名哲学家，出生于阿尔及利亚。"二战"时成为德国的战俘，在战俘营中，结识了马克思主义。后重返巴黎高等师范学院，获哲学博士学位，留校任教，并加入法国共产党。后患精神病掐死妻子，退休疗养。他的代表作是《保卫马克思》《阅读〈资本论〉》。

阿尔都塞独创"症候阅读法"（symptomatic reading），把《资本论》作为认识物件，进行了深入研究，把马克思想说而未说的东西呈现出来，提倡运用"多元决定""因果结构"等结构主义概念和方法把马克思主义哲学从"空白"处抽取出来。他是要在批判人道主义、教条主义的基础上，弘扬马克思主义的革命活力。阿尔都塞以马克思主义的科学性来对抗资产阶级的意识形态，从而发动一场马克思主义保卫战。

阿尔都塞在20世纪60年代对于马克思主义哲学的研究和推进，引起了世界范围的讨论和争论，使马克思主义在哲学研究中备受尊重。他关于意识形态的理论在人文社会科学中得到了广泛应用，并成为"后马克思主义"哲学的基础，也启发了分析的马克思主义，也为批判现实主义和话语分析提供了灵感。阿尔都塞及其后学的著作也成为政治哲学、文学、历史学、经济学和社会学研究的重要理论资源。

阿尔勒宝 丁酉薛晓源写

罗尔斯

罗尔斯（John Rawls，1921—2002），美国政治哲学家、伦理学家。普林斯顿大学哲学博士，哈佛大学教授，写过《正义论》《政治自由主义》《作为公平的正义：正义新论》《万民法》等名著，是 20 世纪英语世界最负盛名的政治哲学家之一。

他于 1971 年出版的《正义论》一书将政治、法律和道德哲学融为一体，以其原创的观点为西方政治哲学的现代发展注入一股新鲜的血液。有评论家把罗尔斯与柏拉图、阿奎那和黑格尔这些思想泰斗相提并论。罗尔斯政治哲学的特色，在于对"公平"意义下的"正义"这项政治价值的强调，其主张被称为"正义即公平"。罗尔斯独排众议，认为一个社会是否公平乃是最根本的问题所在。他明确反对追求最大多数人的最大利益的功利主义思想，而是通过改造洛克、卢梭、康德等人的社会契约理论，提出社会制度的正义性才是最高价值目标。正义理论就是对社会正义原则的系统研究，包括正义原则的产生基础和条件、正义原则的内容、正义原则的应用和操作程序。罗尔斯的正义观念的基本内核在于，社会中的每一个公民所享有的自由权利都是平等的和不可侵犯的。总体地说，罗尔斯基于公平的正义观念是在自由主义框架内阐发的一种正义理论。

罗尔斯

正义乃社会制度之第一美德，一如真理为思想之第一美德。罗尔斯先生如是说。戊戌年雒笔泳寄

德勒兹

德勒兹（Deleuze，1925—1995），法国作家、哲学家，后现代主义的主要代表人物之一。出生于法国巴黎，在索邦大学哲学系就读，致力于哲学研究。他的哲学思想中一个主要特色是对欲望的研究，并由此出发到对一切中心化和总体化的攻击。其代表作是《尼采与哲学》《千高原》《反俄狄浦斯》。因不堪疾病困扰，德勒兹在巴黎跳窗自杀，享年70岁。福柯对他评价极高："20世纪将是吉尔·德勒兹的世纪。"

德勒兹正是通过激活尼采而引发了对差异哲学和欲望哲学的法兰西式的热情。德勒兹哲学的主要特征就是游牧思想，游牧就是生成，是为了摆脱限制和禁锢，例如犹太人为摆脱古埃及的统治选择逃亡。他强调变化与发展的"生成哲学"，即没有根部的"块茎"思想，没有深度，到处蔓延，富有生命力，是他生成思想的形象表达。他的理论归宿就是反对思想、反对理性、推崇多元。

齐泽克认为，德勒兹的本体论在唯物主义和唯心主义间摇摆不定，《反俄狄浦斯》是德勒兹最差的一本书，德勒兹受到瓜塔里政治思想的"坏影响"，最终成为一个"晚期资本主义的意识形态学家"。文森特·德贡布认为，德勒兹在《尼采与哲学》中论述"差异并不源于同一"时逻辑理路前后不连贯，而他在《反俄狄浦斯》中对历史的分析是彻底唯心主义的。

哲学家介绍新概念、解释定义，但不会告诉我们这些概念是对问题的回应……哲学史不应只是重复哲学家的话，而应关注哲学家来说的潜意识和脾气。吉尔•德勒兹如是说。薛晓源

福 柯

　　福柯（Michel Foucault，1926—1984），法国哲学家、社会思想家。他的代表作是《疯癫与文明》《知识考古学》《词与物》。福柯1926年出生于法国的一个乡村家庭。"二战"后，福柯进入了法国巴黎高等师范学院，喜爱哲学，深受梅洛-庞蒂和阿尔都塞的影响。他患有严重的抑郁症，还是同性恋者。以《疯癫史》通过博士论文审核，声名鹊起，后就任法兰西学院思想体系史教授，进入学术事业的辉煌时期，后在美国因参加派对感染艾滋病去世，享年58岁。福柯的研究有心理学和哲学的背景，同时旁征博引，借鉴历史学和犯罪学等边缘学科来证实自己的论证和分析。

　　福柯主要从历史发展的维度，关注知识与权力的关系——权力怎样通过话语权表现出来，并配合各种规训的手段将权力渗透到社会的各个细节中去，比如监狱制度、性问题等。英国学者麦德森·皮里认为："福柯研究权力，不仅包括个人、群体和阶层的权力，还包括话语形式和制度运作行使的权力。他认为所有的社会关系归根结底都是关于权力的关系，在道德层面上令人担忧。福柯指出，科学和理性都是权力的工具，并且现代社会被无处不在的一致性所压制。"他首创知识考古学研究方法，关注每个既定时期文化中，它的无意识规则和典型特征之间深刻的互动关系。他的思想对文学评论、哲学、历史学、医学史和知识社会学有很大的影响。

現在的人文學科更多地是將家們引向人之死亡。法國哲學家米歇爾・福柯如是云。丁酉年薛曉源

塞缪尔·亨廷顿

塞缪尔·亨廷顿（Samuel Phillips Huntington，1927—2008），美国当代最有争议且影响深远的国际政治理论家。为人机智聪慧，少年得志，23岁获哈佛大学博士学位，并留校任教长达58年，并先后在美国政府许多部门担任过公职和顾问。曾任哈佛大学国际和地区问题研究所所长、卡特政府国家安全计划顾问、《外交政策》杂志发言人与主编之一、美国政治学会会长。亨廷顿因在《文明的冲突与世界秩序的重建》一书中提出"文明的冲突"观点而闻名于世，被西方学界誉为过去50年中世界上最有影响力的政治学家之一。主要代表著作有《变化社会中的政治秩序》《文明的冲突与世界秩序的重建》《我们是谁：对美国国家认同的挑战》。

当西方世界还沉醉在他的学生弗朗西斯·福山所鼓吹的"历史的终结"的巨大梦幻中，还在分享苏联解体、东欧剧变的巨大"胜利"时，亨廷顿在1993年抛出《文明的冲突？》一文，搅动国际政治和全球资本主义的神经，掀起轩然大波。亨廷顿站在美国霸权主义的立场上，"居安思危"，对以美国为代表的西方世界所面临的挑战和危机进行具有蛊惑性的预言：冷战后的世界，冲突的基本根源不再是意识形态，而是文化方面的差异，主宰全球的将是"文明的冲突"。这些有争议的论文后辑录成《文明的冲突与世界秩序的重建》一书出版，在书中他直率任性地提出振聋发聩的关于未来世界发展的"十大预言"。其中伊斯兰文明与西方文明的冲突不幸被震惊世界的"9·11事件"所验证。其他预言正在世界上被引导性、灾难性地验证着其畅通的现实性。是危言耸听？还是醒世恒言？亨廷顿的理论遭遇着全球媒体和国际政治理论界最为广泛的热议和争论。

有人认为，亨廷顿的理论就是火药的引线，瞬间爆破人们思维的底线和大众正常的神经。在"9·11事件"之后，他又出版《我们是谁：对美国国家认同的挑战》一书，更是一石激起千层浪，搅动世界安全的神经，让它惊恐不已。全书将"文明的冲突"的核心思想由国际运用到美国国内，他论述了美国国家特性所受到的种种挑战，认为美国要认清敌人，才能更好地认识自己。他从美国的国家利益出发，论述了21世纪的美国现实的敌人是"伊斯兰好斗分子"，美国"可能的潜在敌人"是中国。"制造敌人，认清自己"的思维方式，更是引起世界的普遍争论，学界有人评价其理论反映了美国人为制造恐惧与敌意，担心大国衰落的胆怯的心理。有人认为亨廷顿的理论是"榴梿"现象，喜欢的人非常喜欢，痛恨的人非常痛恨。但是，坦率地讲，其理论对现实世界的影响力和穿透力，在目前还鲜有对手。

自由颂

人類可以無自由而有秩序
但不能無秩序而有自由
塞繆爾·亨廷頓如是說
甲辰冬 薛曉源寫

乔姆斯基

乔姆斯基（Noam Chomsky，1928—　），是麻省理工学院语言学的荣誉退休教授。乔姆斯基出生于美国的费城。他的父亲是一位来自乌克兰的希伯来学者，他的母亲是白俄罗斯人。可能是受父母的影响，乔姆斯基天性对弱者持同情态度。他对美国的外交政策、军国主义和企业资本主义总是直言不讳地进行批评，尤其是对伊拉克战争和对"9·11事件"的批判态度让人记忆犹新。因此，他拥有大量非学术人士的支持，主要是左翼人士的强烈支持。他认为美国是世界头号超级大国，因为其霸道和傲慢成为恐怖主义的温床。

乔姆斯基引领了语言分析革命，促使美国语言学的研究从行为主义转变到认知心理学，对经验主义哲学提出了严峻的挑战。他提倡的生成语法有两个知识层次：表面结构和深层结构。表面结构由使用的文字和声音构成，深层结构是指适用于所有语言的普遍语法。他认为普遍语法的知识是先天的，代表大脑的生物承载能力。儿童被假定为天生具有适用于所有人类语言的基本语法结构的知识。这种与生俱来的知识被称作普遍语法。乔姆斯基的普遍语法理论没有得到普遍的接受，受到一部分学者的强烈的质疑和批评。在新近的论著中，乔姆斯基正在尝试将其语言哲学理论和心智理论、神经科学、脑科学统一起来，但他也承认这是一项极具挑战性的任务。

高滕斯基

說：鮮有改變和進步是上天賜予而定們年來自於自己而碧心奮斗。

丁酉薛曉源

哈贝马斯

哈贝马斯（Jürgen Habermas，1929— ），德国当代著名哲学家、社会学家，是西方马克思主义法兰克福学派的第二代代表人物。由于思想复杂精深、体系恢宏庞大，哈贝马斯被公认是"当代世界最有影响力的思想家"。他曾是阿多诺的助手，早年以批判理论扬名德国哲学界，后逐渐阐述关于理性、意义和真理的理论建构。1981年出版的《交往行为理论》是他思想成熟时期的代表作品。哈贝马斯后期转向伦理学和民主理论，并持续地进行跨学科的对话，成为有卓著影响和世界声誉的公共知识分子。他曾任法兰克福大学哲学系教授，1994年荣休。

哈贝马斯认为西方技术理性全面渗透在生活的各个领域，然而技术理性本身无法解决生活世界的意义问题，因此哈贝马斯提出了交往理论，认为规范、意义与客观性都是在理性主体的相互理解的交往行为中形成的。他试图通过交往行为的理性化进程来解决当代资本主义社会面临的诸多危机与挑战。

哈贝马斯认为知识的产生根源于人类的三种认识旨趣，即技术的认识旨趣、实践的认识旨趣、解放的认识旨趣，通过批判的反思可以把人从资本主义僵固意识形态的束缚中解放出来。他认为，这三种认识旨趣的划分和递进关系，可以化解法兰克福学派早年对资本主义的全盘否定和悲观主义。

哈贝马斯

人的一生充满了期题，找乱了你当你当你找到了答案，并用写作表达出来的时候你会感到别无它欢快图大拇指哈贝马斯如是说丁酉薛晓源

德里达

德里达（Jacques Derrida，1930—2004），法国著名哲学家，是20世纪最重要的也是最有争议的法国现代思想家之一，西方解构主义的代表人物。他出身于阿尔及利亚的一个犹太家庭，19岁时回法国就学，后在美国哈佛大学深造。后一直在巴黎高等师范学院任教。德里达在思想上受阿尔都塞、福柯的影响，他曾经钻研过胡塞尔现象学，并深受海德格尔的影响，尤其是海德格尔创造新词的习惯影响了德里达的行文和写作方式。2001年到中国进行学术访问，受到热烈欢迎和追捧。

德里达是解构主义哲学的代表人物，他把结构主义和后结构主义作为批评的靶子，在西方知识界掀起了巨大波澜，成为学界最有争议性的人物。德里达的随心所欲的理论建构撼动和破坏了整个传统人文学科的基础，是整个后现代思潮最重要的理论源泉。德里达在英美哲学界也引发了广泛的讨论和激烈的论争。1992年5月9日，英国《泰晤士报》刊发了19位英美哲学家的联名来信，质疑德里达是否有资格接受剑桥大学计划授予的荣誉博士学位。最终，剑桥大学以委员会投票表决的方式，授予了他荣誉博士学位。德里达的主要代表作有《论文字学》《声音与现象》《书写与差异》。德里达受海德格尔著作的启发，在法文词典中发现"解构"一词，他把对思想中僵化部分的瓦解称作"解构"，并且认为解构运动不是从外部摧毁结构，而是从内部颠覆它们。

德里达

丁酉 薛晓源

语言而意义在于写作，写作本身就是一个不以作者而意愿为转移的和区消解一切对立和区别的过程。法国解构而意义流动主义大师德里达如是说 丁酉 薛晓源再题

理查德·罗蒂

理查德·罗蒂（Richard Rorty，1931—2007），当代美国最有影响，且最有争议的哲学家。他出身于美国纽约市一个信仰社会福音运动的家庭，据其撰写的自传《托洛茨基和野兰花》一文所述，他12岁就决定用尽一生为社会正义而斗争。他选择了哲学，先后获芝加哥大学哲学硕士学位和耶鲁大学哲学博士学位，曾在普林斯顿大学等知名学府任教，教授分析哲学。因同情20世纪60年代的学生运动，罗蒂开始与分析哲学分道扬镳，但同时被主流学术界所拒绝。直到1982年，罗蒂才被知名大学接纳成为人文教授。罗蒂尊崇中国文化，曾两次到中国进行学术讲演。他出版和发表了十几本专著和大量论文，其中，《哲学和自然之镜》是20世纪最重要的哲学著作之一，《实用主义的后果》《偶然性、讽刺和团结》和《缔造我们的国》成为大众读物，成为人们津津乐道的话题。

罗蒂思想复杂多变，他骨子里是实用主义者，他的学说被哲学史家命名为新实用主义。他用实用主义的立场和观点杂糅了分析哲学、欧洲大陆哲学，糅合了现象学、存在主义，批判吸纳了拉康、福柯等后现代主义思潮，后现代主义运思和观照方式从头到尾贯穿于罗蒂所有的文章和著作之中，思想杂糅复合是其学说的基本特色。从学术立场来说，罗蒂曾这样评价自己："如果说我的哲学观点在多大程度上冒犯了右派，那么我的政治学观点就在多大程度上冒犯了左派。"

罗蒂在哲学的基本问题上，旗帜鲜明地反对本质主义、表象主义，他认为："语言和信念之外，真相并不存在。人类应当关注日常生活，而不是通过理论发现什么。"他承认西方自由民主社会的基本价值和信念，但是认为描绘这些基本价值和信念的终极词汇都是历史和环境的偶然产物。

罗蒂在哲学运思与写作上一改以往晦涩难懂的哲学风格，用简捷明快的语言使得哲学成为大众接受的普及读物。罗蒂研究范围广泛，在宗教、哲学、法律、政治、文学等方面都有涉猎；因此他对美国社会关切的重大问题如黑人、妇女、同性恋、社会正义与公平等问题，都直言不讳地发表自己独立的见解，因此受到媒体和大众的普遍关注。他认为人类的未来在于——用想象力代替理性，用希望代替知识；这样既抛弃理性形而上学，又保有人类美好的希望与未来。

理查德罗蒂说：语言和信念之外真相并不存在。人们应当关注日常生活，而不是通过理论发现什么。丁酉薛晓源

保罗·维利里奥

  保罗·维利里奥（Paul Virilio，1932—2018），是当今法国最富前瞻性和原创力的哲学家，同时也是著名的城市建筑家、随笔作家。他曾经先后完成两栋建筑作品的设计工作。他自称是"城市理论家""政治思想家""技术艺术批评家"。1973年起执教于巴黎建筑专业学校，直到1999年退休。2018年9月10日，因心脏病去世。维利里奥的哲学著作围绕着一系列以科技、速度、城市、虚拟、事件、意外及失序为核心的概念群，他发明了军事、空间、政治和技术文化领域中的一些概念，如速度学等。代表著作有《速度与政治》《消失的美学》《解放的速度》。

  维利里奥认为，高铁、信息革命以及芯片的光速运行、超音速飞机给人们带来新的日常生活，世界在加速度，"我们所看到的这个世界正在逝去"，在全球化的时代，"全知全能的，不再是神学时代的上帝，也不曾是电视民主时代的选民大众，也将不会是电子民主世纪的网友大众，而是掌控庞大数据库连线，结合资讯—媒体—监控三位一体的技术科层体系"。维利里奥对"速度"问题的思考由来已久，在《速度与政治》中就对速度进行深刻反思，可以说"速度"是他思考的核心概念。在他看来，"速度，是社会组织和政治控制的核心要素"。他赋予了"速度"以本体论的地位——它不仅决定着军事领域，更决定着整个人类社会的历史过程。在2010年的访谈《在来世的城市中》中，他认为我们已经进入了加速度的时代。实际上，加速度如今取代了经济积累。例如，加速度是当前全球化经济危机的关键性原因之一。

  在维利里奥眼里，速度成了影响人类历史的重要因素，网络技术使全球化成为光速。有人评价道，速度在维氏的论述中成为衡量万物发展的尺度，网络传播速度为30万公里/秒，这彻底改变了物质和事件的存在和发生的状态和存活力。面对人类的未来，维利里奥无限悲观，他叹息道："我想说的是这个世界变得有限了。地球对我们来说已经太小，科学已穷尽了它的资源和空间。地理学终结了。我们正面临世界缩水的危机。人们对速度进步所造成的污染避而不谈。时间缩减让地域变得贫瘠，'自然质朴的伟大'就没落了！"

维纳重宝门

云：速度不仅决定着军事领域，更决定着整个人类社会的历史过程。

戊戌 薛晓源写

安东尼·吉登斯

安东尼·吉登斯（Anthony Giddens，1938— ），英国著名社会学家，是当今世界最重要的思想家之一，他对当代社会学领域做出了卓越的贡献。他倡导的"第三条道路"理论——超越左与右的理论被布莱尔接纳，成为布莱尔政府的"精神导师"，他的理论从而产生深远的国际影响。他撰写了至少34本著作，被译成至少29种语言出版。他被认为是从凯恩斯以来最有名的社会学学者。他和乌尔里希·贝克、拉什等学者于1985年创办政体出版社，出版了很多有影响的学术著作。2004年，受封为"终身贵族"，出任英国上议院议员。代表作有《社会学方法的新规则》《民族—国家与暴力》《现代性的后果》《亲密关系的变革》《第三条道路：社会民主主义的复兴》。

吉登斯提出结构化理论，主要针对传统社会学研究中主观主义与客观主义各自偏执一隅的不满，想用反思的整体主义去解释和拯救传统社会学在当今社会所遇到的窘境，强调在理论与时间层面上要观照宏观与微观、个人与社会、行动与结构、主观与客观的互动和相互作用。吉登斯的理论建构对以马克思、涂尔干、韦伯等为代表的经典社会学家的思想进行了反思；对以结构主义、功能主义和解释社会学等为代表的现代社会学研究方法进行了反思；对社会学的研究方法进行了重建，提出了著名的"结构化理论"；对现代性的发展及其理论范式提出了深刻的反思；对全球化与资本主义社会提出了深刻的反思，认为全球资本主义社会正处在一个"失控的世界"。

气候变化与生态风险是吉登斯的研究关注全球化的焦点，吉登斯认为，全球化就是流动的现代性。在这里，流动指的是物质产品、人口、标志、符号以及信息的跨时空的流动，他认为全球化就是时空压缩，全球化使得人类社会成为一个即时互动的社会。他认为全球化不是近代以来发生的故事，而是20世纪60年代以来，技术尤其是通信技术快速发展所呈现的新的"历史事件"，全球化把发展与风险都镌刻在人类"硬币"的两面上，风险和危险在全球的播撒与传播的速度与广度都是史无前例的，人们应该集中精力去面对和化解即将来临的危难与困局。

吉登斯

云：全球化實是流動而現代性。

戊戌薛曉源寫

乌尔里希·贝克

乌尔里希·贝克（Ulrich Beck，1944—2015），德国著名社会学家，风险社会理论的创始人与倡导者。贝克是德国慕尼黑大学和英国伦敦政治经济学院社会学教授，他被认为是当代西方社会学界最具前瞻力的思想家之一。20世纪80年代提出了风险社会理论，不久苏联切尔诺贝利核事故验证了其理论的预见性，从而蜚声学界。贝克学术视野开阔，在政治哲学、文化理论、社会学等领域都有建树，尤其在全球化、第二次现代化、生态启蒙等方面有独树一帜的贡献。由他首创和提出的诸多新的概念和论点影响深远且引起争议。主要代表性著作有《风险社会》《生态启蒙》《风险时代的生态政治》《什么是全球化》《世界主义的欧洲》《世界主义的观点》《世界的变形》。2015年1月1日，贝克在慕尼黑的英国公园散步时，因心脏病发作不幸去世。

贝克认为，科学技术无限制的扩张和滥用，使现代社会成了风险社会；进入20世纪90年代，全球化的快速升腾，使我们这个世界成为全球风险社会。他认为："我们的世界是个世界风险社会。必须将它理解为这样一种现实，它进行自我侵害的程度已经超出了我们的想象。"贝克认为风险社会理论是对危险和不确定性的一种理性的预警与判断，是理性的反思与治愈性诊断，因为现代风险具有以下特征，让人恐惧，让人不得不进行防控：1. 现代风险具有高度不确定性。2. 现代风险表现为显现的时间滞后性。3. 现代风险的发作具有突发性。4. 现代风险具有超越常规性。5. 现代风险具有超常的传染性。6. 现代风险的传播与渗透具有全球性。7. 现代风险具有人们无法回避的临近性。

贝克认为，在全球化时代，应该重启多元的现代性，欧洲依傍传统的理性和价值之梦还远未实现，工业文明以及后工业文明所带来的风险与灾难接踵而至，魔鬼与天使同日而至。苏联的切尔诺贝利和日本福岛的核事故，是全人类乃至全球的灾难，生态灾难需要上万年才能彻底化解。因此，要重张欧洲启蒙主义大旗，提倡生态启蒙、生态理性，在环境保护和生态风险问题上取得全球的理解和认同。对于全球化的未来发展，贝克还是乐观的，全球化是不可避免的，风险促使人们进行合作，未来是可控的。

现代工业全球化的发展过程不仅只意味着以民族国家为范畴的风险社会,而且更是由于这种风险的蔓延造成世界风险社会,并对全球化构成严峻挑战。德国社会学家乌尔里希·贝克云。

薛晔源敬写

图书在版编目（CIP）数据

大哲学家：西方100位著名哲学家画传 / 薛晓源绘著. — 北京：商务印书馆，2025. — ISBN 978 – 7 – 100 – 24728 – 3

Ⅰ．K815.1-64

中国国家版本馆CIP数据核字第2024K8G605号

权利保留，侵权必究。

大哲学家
——西方100位著名哲学家画传

薛晓源 绘著

商 务 印 书 馆 出 版
（北京王府井大街36号 邮政编码100710）
商 务 印 书 馆 发 行
北京雅昌艺术印刷有限公司印刷
ISBN 978 – 7 – 100 – 24728 – 3

2025年2月第1版　　开本 889×1194　1/16
2025年2月第1次印刷　　印张 14¼

定价：158.00元